초등생을 위한

성경적
성교육

· 학생용 ·

이진아 지음

PURITY

두란노

Contents

1 /

초등생을 위한
성경적 성교육
5주 과정(3-6학년)

초등생을 위한

성경적
성교육

학생용

초등생을 위한
성경적 성교육(학생용)

지은이 | 이진아
초판 발행 | 2024. 7. 17.
등록번호 | 제 1988-000080호
등록된 곳 | 서울특별시 용산구 서빙고로65길 38
발행처 | 사단법인 두란노서원
영업부 | 2078-3333 FAX | 080-749-3705
출판부 | 2078-3331

책 값은 뒤표지에 있습니다.
ISBN 978-89-531-4873-4 03230

독자의 의견을 기다립니다.
tpress@duranno.com   http://www.duranno.com

ⓒ 이 출판물은 저작권법에 의해 보호를 받는 저작물이므로
무단 전재와 무단 복제, 무단 사용을 할 수 없습니다.

두란노서원은 바울 사도가 3차 전도여행 때 에베소에서 성령 받은 제자들을 따로 세워 하나님의 말씀으로 양육하
던 장소입니다. 사도행전 19장 8-20절의 정신에 따라 첫째 목회자를 돕는 사역과 평신도를 훈련시키는 사역, 둘째
세계선교(TIM)와 문서선교(단행본·잡지) 사역, 셋째 예수문화 및 경배와 찬양 사역, 그리고 가정·상담 사역 등을
감당하고 있습니다. 1980년 12월 22일에 창립된 두란노서원은 주님 오실 때까지 이 사역들을 계속할 것입니다.

2/

Purity

Biblical Sex Education
for Children in Grades 3-6
A 5-Week Guide

하나님은 왜 인간을
남자와 여자로 창조하셨을까요?

성경에서 가장 중요한 두 가지를 꼽으라면 예수님의 십자가
(구원)와 창조를 들 수 있습니다. 그만큼 성경에서 하나님의 창조
는 중요한 사건입니다. 하나님이 사람을 위해 동물을 비롯한 모
든 것을 창조하시고, 그다음에 남자와 여자를 구별하여 만드셨
습니다.

저는 학생 여러분이 《초등생을 위한 성경적 성교육(PURITY)》
을 통해 하나님이 우리를 남자 또는 여자로 만드신 목적을 알게
되기를 바랍니다.

태초에 하나님은 아담과 하와를 만드시고 "생육하고 번성하
여 땅에 충만하라"(창 1:28)라고 명령하셨습니다. 하나님은 왜 이
렇게 명령하셨을까요? 하나님의 계획은 하나님의 형상을 닮은
자녀가 하나님이 만드신 세상에서 행복하게 살며 하나님의 사

랑을 듬뿍 받고, 또 하나님께 사랑을 표현하며 교제하는 것이었습니다. 하나님은 창조를 마치신 후에 "보시기에 심히 좋았더라"(창 1:31)라고 하십니다. 이 말씀은 모든 창조물에 해당하는 것으로, 우리 몸의 모든 신체 기관까지 포함합니다.

그런데 문제가 생겼습니다. 죄가 세상에 들어와 창조 질서가 무너진 것입니다. 이로써 하나님과 사람 사이의 관계가 깨졌습니다. 그뿐만이 아닙니다. 남자와 여자의 관계도 깨졌고, 하나님이 주신 가정도 죄로 인해 상처로 얼룩졌습니다.

그러나 하나님은 이런 상황을 두고 보지 않으셨습니다. 자신의 독생자 예수님을 이 세상에 보내셔서 우리에게 구원의 길을 열어 주셨습니다. 우리는 예수님을 믿음으로 하나님과의 관계를 회복할 수 있게 되었습니다. 가정 안에서의 모든 관계를 회복할 수 있게 되었습니다. 이것이야말로 하나님이 너무도 원하시는 일입니다.

　이제 하나님은 복음으로 회복된 자녀들에게 거룩하며 순결하라고 명령하십니다. 하나님은 우리가 구원받은 하나님의 자녀답게 살기를 원하십니다. 그러나 사탄은 어떨까요? 사탄은 우리가 거룩을 잃어버릴 때 영적 권위가 없어지는 것을 너무 잘 압니다. 그래서 어떻게든 우리를 거룩으로부터 멀어지는 길로 유혹합니다. 반대로 순결한 삶으로 거룩을 추구하며 사는 하나님의 자녀는 사탄이 두려워할 수밖에 없습니다. 순결한 신부로 거룩의 옷을 입고 하나님과 교제하며 건강한 결혼 생활을 하는 것이야말로 하나님의 창조 질서를 다시 세우는 일입니다.

　이 책을 통해 성경적 가치관을 마음에 새기고 순결한 믿음의 남자와 여자로 훈련되기를 기도합니다. 또한 다음 세대가 거룩한 기준을 가지고 말씀 중심으로 선과 악을 분별하여 하나님을 경외하며 살기를 소망합니다.

2024년 7월

이진아 전도사

저자는 십 대의 성적 순결을 위해 헌신한 사역자이다. 그는 이 책에서 하나님이 만드신 성의 아름다움, 그리고 적절한 때와 경계를 넘어선 잘못된 성관계의 위험을 알려 준다. 이 책은 순결의 필요성과 유익, 거룩의 아름다움과 즐거움, 그리고 거룩이 제공하는 안전과 복된 미래를 제시한다. 이 책은 단순히 저자의 머리에서 나온 이론서가 아니다. 저자가 수많은 청소년에게 성경적 성교육과 순결 교육을 실시해 온 과정에서 태어난 탁월한 작품이다. 이 책은 가정과 교회학교에서 부모와 십 대 자녀가 함께 공부하도록 준비된 교재이다. 이 땅의 모든 십 대들의 밝은 미래를 위해 사용되는 보석 같은 교재로 자리잡기를 바란다.

- 강준민 목사 (새생명비전교회 담임목사)

오늘날 '십 대 자녀 성교육'은 그리스도인 부모에게 초미의 관심사입니다. 우리 아이들은 갈수록 강력해지는 비성경적 문화에 노출되어 있기 때문입니다. 부정할 수 없는 현실입니다. 미디어가 아이들에게 심어 주는 잘못된 성 가치관은 매우 강력합니다. 이미 젊은이들 사이에 혼전 순결은 비웃음거리가 되었습니다. 동성애는 인권으로 포장되고 있습니다. 아이들을 향한 첨예한 영적 전쟁이 현실로 다가왔습니다. 교회는 더이상 성교육을 뒤로 미뤄둘 수 없습니다.
그래서 지난 2년간 수영로교회는 '십 대를 위한 성경적 성교육'을 'PURITY 가족 캠프'로 진행했습니다. 수많은 가정이 변화되었습니다. 기능적 성교육이 아닌, 가족과 함께 정체성을 회복하는 시간이었기 때문입니다. 강의와 함께 진행되는 활동과 체험은 보고 듣고 느끼는, 살아 있는 교육이었습니다. 특별히 가족이 함께 초음파 사진을 보고 대화하는 시간에는 막혔던 관계의 통로가 열렸습니다. 부모도 자녀도 신선한 충격과 도전을 받았습니다.
'모든 교회에 필요하다!' 2년간 사역을 진행하면서 얻은 결론입니다. 변화는 일어납니다. 우리 자녀들은 순결한 세대로 성장할 수 있습니다. 이제 반격의 시간입니다. 이 책을 통해 성경적 가치관을 자녀들의 마음에 심을 수 있습니다. 이 책을 통해 교회마다 거룩한 세대가 세워지길 기대합니다.

- 김기억 목사 (수영로교회 가정사역 총괄)

많은 부모와 교회들이 성교육의 중요성을 알면서도 섣불리 시도하지 못하고 있다. 더욱이 성경적인 성교육에 대해서는 더욱 막막해한다. 이런 고민이 있는 분들에게 이 책을 추천한다. 아이들과 함께 책을 읽다 보면 그리스도인으로서 성에 대해 어떤 생각과 자세를 가져야 할지 명확하게 알게 될 것이다. 사역과 자녀 양육을 통해 다져진 저자의 노하우와 성경 말씀을 바탕으로 잘 구성된 이 책이 우리 아이들을 세상 앞에 믿음으로 당당히 세우는 디딤돌이 되기를 바란다.

- 김병삼 목사(만나교회 담임목사)

우리가 살고 있는 남가주에서는 공립학교에서 의무적으로 '포괄적 성교육' (comprehensive sexual education)을 실시한다. 그로 인해 다음 세대의 성 정체성이 혼란을 겪고 있으며 더 나아가 십 대 자녀를 둔 많은 가정이 고통을 당하고 있다. 때마침 출간된 이진아 전도사의 책은 북아메리카 디아스포라 한인교회들뿐 아니라, 미국의 교육제도에 직간접으로 영향을 받고 있는 한국의 성교육에도 큰 도움을 줄 것이라 확신한다.

미국에서 일고 있는 성 정체성의 혼란은 단순히 문화 전쟁을 넘어 교회를 흔드는 치열한 영적 전쟁이다. 이 책은 그런 영적 전쟁에서 승리하는 방법을 가르쳐준다. 단순한 이론에 그치지 않고 가정과 교회에서 실행할 수 있는 교육과정까지 제시하고 있어 더욱 활용도가 높다. 이 책이 우리 자녀들을 지키고 나아가 주의 몸 된 교회를 거룩과 성결로 지키는 일에 귀하게 쓰일 것이라 믿는다. 강단 뒤에서 말씀으로 자녀들을 가르칠 뿐만 아니라, 친히 몸으로 전쟁터에 뛰어들어 현장에서 땀 흘리는 이진아 전도사를 기도로 응원한다. 또한 이 일에 같은 마음으로 헌신하는 모든 사역자에게 이 책이 용의주도한 무기로 사용되기를 소망한다.

- 김한요 목사(얼바인 베델교회 담임목사)

이 시대는 세상적인 성 지식으로 충만하다. 사탄은 성을 무기로 삼아 크리스천 청년과 청소년을 무너뜨리고 있기에 어릴 적부터 성경적인 성을 가르쳐야 한다. 이 책은 이 땅의 십 대들에게 재미있고도 유익하게 다가가는 성교육 교재이다. 따라서 교회학교나 가정에서 자녀와 함께 공부할 수 있는 장점이 있다. 십 대가 성경적인 성교육을 통해 자기를 지키고, 건강한 데이트를 하며, 믿음 위에 든든히 성장해 가기를 바란다.

- 박수웅 장로(가정사역자 /《우리 사랑할까요?》 저자)

성경적 성교육은 우리가 하나님의 형상으로 지음받은 존귀한 존재이며, 우리 몸의 주인은 하나님이시라는 것을 가르쳐 줍니다. 그리고 성교육이 지루하고 따분하며 어색하고 부끄러운 것이 아닌, 하나님 안에서 무엇이 옳고 그른지를 재미있는 활동들을 통해 가르쳐 줍니다. 무엇보다도 가장 큰 장점은 하나님이 우리에게 주신 말씀으로 가정과 함께 교육하다 보니 가정이 회복된다는 것입니다. 부모님과 성에 대해 이야기하는 것을 어색해하던 친구들은 이제 부모님에게 궁금한 것을 물어 보고 조언을 얻습니다.

아이들은 한 주 한 주 교육의 시간을 거치며 변화했고, 저와 선생님들은 아이들의 급격한 변화에 너무나도 놀라 의아하기도 했습니다. 앞으로 말씀 안에서 귀한 프로그램들을 통해 변화될 아이들의 모습이 기대됩니다.

- 이요한 목사 (아름빛교회 소년부 담당)

다음 세대에게 가장 필요한 건 말씀대로 사는 법을 가르치는 것입니다. 특히 성경적 성교육의 중요성은 아무리 강조해도 지나치지 않습니다. 세상이 온통 왜곡된 성 개념에 사로잡혀 있습니다. 교회와 가정에서 성경적 성교육을 가르치지 않으면, 다음 세대는 세상의 메시지가 진리인 줄 알게 됩니다. 말씀이 기준이 되어야 이 세상을 올바르게 볼 수 있습니다. 이 책은 하나님이 각각 다른 성을 주신 목적을 알려 주고, 성경에서 성에 대한 답을 찾도록 이끌어 줍니다. 하나님은 자녀들이 거룩하며 순결하게 살기를 원하십니다. 다음 세대가 이 세상 풍조를 좇지 않고 하나님의 말씀을 따르며, 건강하고 밝은 미래를 열어 가기를 간절히 기도합니다.

- 이찬수 목사 (분당우리교회 담임)

기독교적 성교육이 조롱의 대상이 되고 있는 요즘이다. 이진아 전도사는 지난 10년이 넘는 시간 동안 어린이 제자훈련뿐 아니라 성경적 관점의 성교육에 헌신해 온 전문가이다. 이 책을 통해서 우리 아이들이 하나님이 만드신 올바른 성을 접하고, 나아가 하나님의 계보를 잇는 가정을 만들게 되기를 기대하고 기도한다.

- 차인표, 신애라 (배우)

성은 하나님이 만드신 가장 아름다운 창조 작품입니다. 그러나 죄가 세상에 들어왔을 때 부부임에도 서로의 부끄러운 부분을 제일 먼저 가림으로써 성은 자연스럽게 죄스럽고 수치스러운 것으로 인식되었습니다. 하지만 하나님은 죄를 범한 아담과 하와를 갈라놓지 않으셨고, 그들이 건강한 성생활을 통해 생육하고 번성하게 하셨습니다. 하나님이 성생활을 보호하셨다는 뜻입니다. 하나님이 부부의 성을 얼마나 귀하게 여기시는지를 알 수 있는 부분입니다. 그런데도 아직도 교회 안에서 제대로 된 성교육을 하는 것을 부끄럽게 여기는 경향이 있습니다. 저자는 오랜 세월 동안 교회 안에서 다음 세대와 부모에게 성경적 성교육을 가르쳐 온 전문가입니다. 저자의 강의는 매우 탁월합니다. 감사하게도 그 강의가 책으로 세상에 나왔으니 너무 반가운 소식입니다. 부디 이 책이 많은 사람에게 전해져 읽히기를 소원합니다. 가장 중요한 교육이지만 아무나 섣불리 할 수 없었던 이 강의를 사명으로 감당해 온 저자의 수고에 박수를 보냅니다.

- 최병락 목사(강남중앙침례교회 담임)

초등학교부터 대학 시절을 지나면서, 그리고 어른이 되어 교수로 살아가는 지금까지 체계적이고 깊이 있는 성교육을 한 번도 받은 적이 없었습니다. 성경적 세계관에 입각해서 성교육을 받은 적이 없는 것은 물론입니다. 이것이 제 연배, 아니 모든 대한민국 국민의 현실입니다. 제가 이진아 대표의 성경적 성교육 캠프에 세 차례 참여하면서 느낀 것은, 성교육 캠프는 참여자를 살리고 나아가 가정, 교회, 국가 공동체의 생명을 살린다는 것입니다. 이 캠프는 학생, 학부모, 교사(주일학교), 강사가 4위 일체가 되어 적극 소통하면서 진행합니다. 성경적 성교육을 하면서 참여자들이 성과 순결의 중요성을 통해 생명의 소중함, 나아가 가정의 소중함을 체험하게 되었습니다. 한 예를 들자면, 캠프에 참여한 어느 가정은 처음에는 구성원 모두가 찬바람이 쌩쌩 부는 모래알 같았습니다. 그런데 캠프를 진행하면서 그 부모와 자녀가 대화를 통해 첫 사랑과 생명의 소중함을 배웠고, 이를 통해 가정이 회복되는 놀라운 모습을 보여 주었습니다.

- 황홍섭 교수(부산교육대학교 교수, 전국대학교수선교연합회[KUPM] 선교위원장)

God had plans for me even when I was a single cell and even though I don't know what it is yet I have the Holy Spirit and it will guide me. From now on I will live in purity and take care of my body because Christ lives in me.

내가 단 하나의 세포였을 때에도 하나님은 나를 위한 계획을 가지고 계셨습니다. 그것이 무엇인지 완벽하게는 모르지만 내 안에는 성령님이 계시며, 그분이 나를 인도하실 거라는 사실만은 확실합니다. 예수님이 내 안에 계시다는 확신이 있기에 앞으로 나는 내 몸과 마음의 순결을 지키며 살겠습니다.

- 빈센트 김(Vincent Kim, 6학년)

I think that was really helpful because we learned that changes to are bodies aren't just changes but also blessings. I also learned that pro-life is right and you shouldn't abort your own child that God has blessed you with. All of us also learned how to become a Godly man and woman. I can apply all of this to my life by cherishing my body and remembering what our mothers did and went through to have us. Also, we should remember that God loves us and he is always watching over us.

이 프로그램을 통해 나는 신체의 변화가 단순한 변화가 아니라 하나님이 주신 축복이라는 사실을 배웠습니다. 나는 Pro-Life(낙태 반대운동)를 통해 하나님께서 축복으로 주신 자녀를 낙태해서는 안 된다는 것을 알게 되었고 하나님의 현숙한 여자, 믿음의 남자로 성장하는 과정을 배웠습니다. 나는 내 몸을 소중히 여기며 엄마가 지금의 내가 있도록 수고하신 것을 기억합니다. 이 교육을 통해 알게 된 모든 것을 나의 삶에 적용할 것입니다. 하나님은 우리를 너무 사랑하시고 우리를 지켜보고 계신다는 것을 기억할 것입니다.

- 케이티 최(Katie Choi, 5학년)

One of the most astonishing things that I've learned is certainly the fact that people often confuse themselves and are mistaken to make a wrong choice about life, such as abortion, without understanding that every life has a spirit and it is God's right. Truthfully, I realize that this program was very useful in teaching teenagers like myself about some of the touchy subjects such as love, marriage, and sex. More importantly, I learned about so many subjects that I never knew which I will come across through my teenage life and how God's words speak for me.

제가 배운 가장 놀라운 것들 중 하나는 많은 사람들이 실수로 생긴 태아에 대하여 잘못된 판단, 즉 낙태를 쉽게 결정한다는 사실이었습니다. 낙태는 사람의 권리가 아닙니다. 사람의 생명은 하나님께서 주관하십니다. 태아는 생명과 함께 영혼도 있습니다. 십 대인 제가 사랑, 결혼, 섹스 등 아주 어려운 주제를 잘 이해할 수 있었던 유용한 시간들이었습니다. 이런 주제보다 훨씬 더 중요한 가르침들, 하나님이 나에게 주시는 말씀과 앞으로 내가 뚫고 가야 할 문제들에 대해 배우는 귀한 시간이었습니다.

– 팀 변(Tim Byun, 5학년)

I feel that I have grown as a Christian mentally and spiritually. After listening to this seminar, I learned that our bodies go through changes as we go through puberty. I learned that sex is not a crime, but a gift. Additionally, I learned that purity is a lifestyle.

크리스천으로서 정신적, 영적으로 성장한 것 같습니다. PURITY를 통해 사춘기 시절에 변화되는 우리 몸에 대해 알게 되었어요. 섹스는 범죄가 아니라 선물이라는 것을 배웠어요. 또한 순결은 평생 추구해야 할 생활 습관이라는 것을 배웠습니다.

– 조슈아 정(Joshua Jung, 6학년)

Through this lesson, I gained knowledge on how we should defend ourselves in God and about the importance of our strong relationship with God.

PURITY를 통해 하나님 안에서 어떻게 나 자신을 지켜야 하는지, 그리고 하나님과의 깊은 관계가 얼마나 중요한지 알게 되었습니다.

– 카렌 김(Karen Kim, 9학년)

I've grown as a christian in knowing what is wrong or right and how I can become a godly woman. I learned from the purity program that I have to keep my body pure because my body is the temple of the lord.

저는 크리스천으로서 무엇이 옳고 그른지 분별하는 것과 어떻게 하면 현숙한 여자로 훈련되어야 하는지 알게 되었습니다. 또한 내 몸은 주님의 성전이기 때문에 몸을 깨끗하게 지켜야 한다는 것을 배웠습니다.

- 케일린 리(Cailyn Lee, 6학년)

I experienced growth in how the human body works and that all God makes is a beautiful thing. I learned all the different parts of the body and how life begins, it was very interesting learning how to become a godly christian and the boundaries for a relationship.

저는 하나님이 만드신 사람의 몸이 얼마나 놀라운지 알게 되었고, 하나님이 만드신 모든 것이 아름답다는 사실을 경험했습니다. 신체의 모든 다른 부분과 생명이 어떻게 시작되는지 배웠고, 믿음의 남자가 되는 법과 데이트할 때 바운더리에 대해 배운 것이 매우 흥미로웠습니다.

- 샘 장(Sam Jang, 6학년)

• 학부모 •

저의 사랑하는 막내딸이 성교육 프로그램을 수료한 후 달라진 모습(태도)이 있다면 하나님이 주신 생명의 소중함과 그 가치를 배웠다는 것과 부모님께 감사할 줄 알고 사랑에 대한 표현이 잦아졌다는 것입니다. 이 교육은 정말 부모와 자녀가 함께 기도하게 해주는 소중한 예배가 아니었나 생각합니다.

- 문성범

이번에는 작은아이가, 2년 전에는 큰아이가 이 프로그램을 수료하였는데 이제 큰아이는 7학년이 되었습니다. 얼마 전 큰아이가 Sit-out(잘못된 성교육에 항의하는 표시로 학교 등교를 거부하는 운동)을 한 이유를 친구들과 SNS 메시지를 통해 이야기를 나누면서 하나님의 말씀이 절대적 진리이고 순종해야 함을 고민하지 않고 답하는 걸 보았습니다. 성경적인 성교육은 우리 아이들에게 건강한 성 정체성과 신앙을 갖고 이 세상에서 살아갈 수 있도록 전신갑주를 입히는 필수적인 프로그램임을 확신하게 되었습니다.

- 이명선

성장해 가는 자녀에게 어떻게 성교육을 하면 좋을까 고민하던 중 베델교회 어린이 성교육 프로그램을 만나게 되었습니다. 이 프로그램은 하나님께서 말씀하시는 성에 대한 개념을 아이들에게 명쾌하고 탁월하게 심어 주었고, 크리스천으로서 혼탁해져 가는 성문화에 어떻게 대처하며, 순결함을 지킬 수 있는지 아는 데 큰 힘이 되었습니다. 우리 가정에게는 최고의 선물이었습니다!

- 이은우

이 책은 십 대들의 호기심을 성경적 관점에서 다루면서도 아이들 눈높이에 맞춰 결코 진부하지 않은 내용으로 꾸민 점이 돋보인다. 각 과마다 누구나 부담 없이 접근할 수 있는 내용들을 소개함으로써 '아! 이렇게 가르칠 수도 있구나!' 하는 신선한 재미와 감동까지 선사한다.
수년간 검증된 노하우로 만들어진 교재이니만큼 한국교회와 이민교회 그리고 전 세계 열악한 선교지에서도 건강한 다음 세대를 세우기 위한 귀한 자료로 활용되기를 바라는 마음 간절하다. 이 책을 통해 "땅에 있는 성도들은 존귀한 자들이니 나의 모든 즐거움이 그들에게 있도다"(시 16:3)라는 말씀처럼 수많은 다음 세대가 존귀한 자이자 거룩한 백성으로 거듭나 하나님 나라가 더욱 확장되기를 바란다.

- 케빈 마(Kevin Ma, 교사)

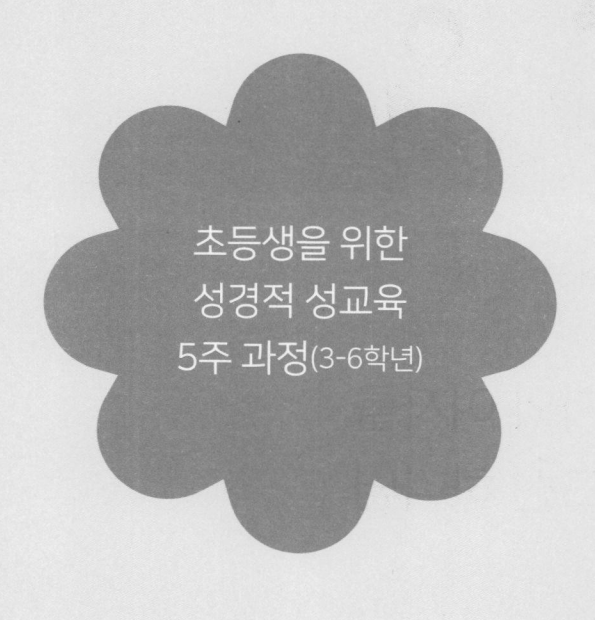

초등생을 위한
성경적 성교육
5주 과정(3-6학년)

1

제1과

남자와 여자를
만드신 하나님

하나님은 하늘, 바다, 해, 달, 별, 식물, 물고기, 동물 등 모든 피조물을 말씀으로 창조하셨다. 그런데 사람은 동물과 다르게 아주 특별한 방법으로 창조하셨다. 직접 흙으로 만들어 코에 생기를 불어넣으셨다. 동물과는 차원이 다른 영적 존재, 하나님의 형상을 지닌 존재로 만드신 것이다. 하나님의 형상을 가진 존재이기에 지적인 능력, 도덕적인 성향, 예술적이고 창조적인 감각 등 동물이 감히 흉내 낼 수 없는 능력을 갖게 되었다.

이번 과를 통해 하나님이 사람을 남자와 여자로 구별하여 만드신 목적이 무엇인지 알아보고, 특별히 선물로 주신 결혼에 대해 배워 보자.

1. 하나님이 인간을 동물과 구별하여 하나님의 형상으로 창조하심

2. 하나님이 남자와 여자를 따로 구분하여 창조하심

3. 사람을 하나님과의 관계와 가족간의 관계를 갈망하도록 설계하심

암송
구절

하나님이 자기 형상 곧 하나님의 형상대로 사람을 창조하시되 남자와

여자를 창조하시고 (창세기 1장 27절)

암송구절게임

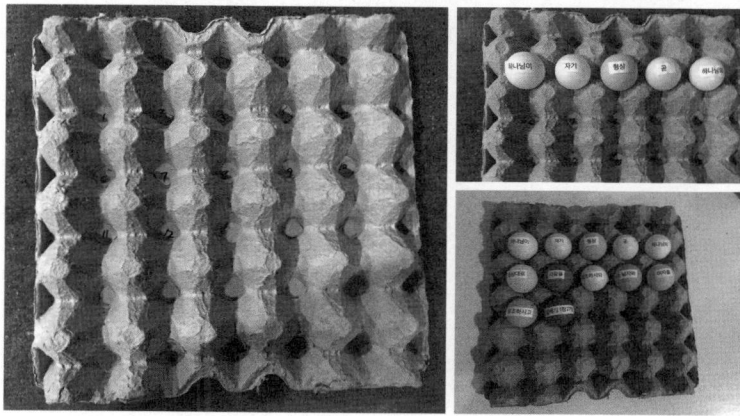

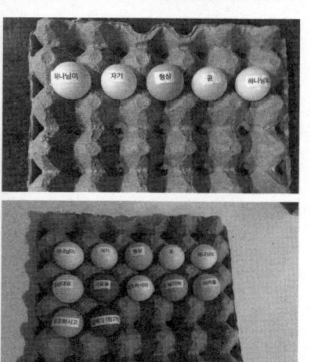

게임방법

① 1번부터 12번까지 번호를 쓴 작은 스티커가 계란판 안에 하나씩 붙어 있다. 그리고 암송구절이 붙은 탁구공들이 통 안에 있다.

② 그룹별로 한 줄씩 서 있다가 신호가 울리면 한 명씩 뛰어가 통에 담긴 탁구공 하나를 집는다.

③ 집은 탁구공을 성경구절 순서에 맞게 계란판에 넣는다.

④ 제일 먼저 성경구절을 완성한 팀이 우승한다.

게임 규칙 : 만약 실수로 탁구공을 다른 자리에 넣었다면 다른 학생이
다음 차례에 다시 넣을 수 있다.

1. 성(sex)과 젠더는 어떻게 다른가요?

----

2. 하나님은 우리를 하나님의 형상으로 만드셨습니다. 동물과 사람을
   어떻게 다르게 지으셨나요?

① 우리에게 _____(을)를 모두 주셨지만(전 12:7), 동물에게는
   육체만 있다.

② 우리는 하나님과 _____할 수 있다(렘 29:12). 우리는 영적인 존
   재이기 때문에 하나님과 기도를 통해 대화와 소통이 가능하다.

③ 우리에게는 _____가 있다(마 22:37). 하나님을 사랑하는 것은
   로봇처럼 되는 게 아니라 우리의 의지로 하나님을 사랑하는 것이다.

④ 우리는 _____을 위하여 창조되었다(시 57:2). 아무렇게

사는 게 아니라 하나님이 나에게 주신 목적에 맞게 살아야 한다.

⑤ 우리는 _____로 창조되었다(요 3:16). 예수님을 믿으면 천국에서 영원히 살게 되며, 예수님을 믿지 않으면 영원히 지옥에서 살게 된다.

소그룹 성경공부

※ 창세기 1:24-2:25을 읽고 답해 보세요.

1. 창세기 1:26-27에서 하나님은 누구의 형상으로 우리를 창조하셨습니까?

----

2. 창세기 1:28에서 하나님은 우리에게 무엇을 명령하셨습니까?

----

3. "생육하고 번성하여 땅에 충만하라"는 말씀의 의미는 무엇입니까?

----

4. 결혼은 누가 최초로 만들었습니까?(창 2:18, 24)

----

5. 사람을 창조하신 후 하나님은 무엇이라 말씀하셨습니까?(창 1:31)

----

6. 하나님이 인간을 남자와 여자로 구별하여 만드신 세 가지 이유는 무엇입니까? 하나님은 남자와 여자에게 다른 생식기관을 주셨습니다. 그 목적이 무엇입니까?

① _____을 위해(창 1:28)

"생육하고 번성하라"는 것은 하나님의 명령이다. '생육'은 열매를 맺는다는 뜻이고, '번성'은 점점 증가한다는 뜻이다. 따라서 하나님이 여자와 남자를 만드신 이유는 하나님의 형상을 닮은 존재들을 계속 낳아서 늘리라는 뜻이다. 하나님의 형상을 닮은 많은 자녀가 하나님을 더 사랑하고 하나님과 교제하는 것이 하나님의 계획이었음을 알 수 있다.

② _____을 위해(창 2:24-25)

사람은 하나님과의 교제, 사람과 사람 사이의 교제를 갈망한다. 따라서 남녀가 연합하는 교제를 통해 행복을 느낄 수 있다. 이것은 하나님의 완전함을 표현하기 위해서이며, 사회적 존재로서 행복해지기 위해서다. 따로 존재하는 남자와 여자는 완전하지 않기 때문에 "그의 아내와 합하여 둘이 한 몸을 이룰지로다"(창 2:24)라는 말씀처럼 남편과 아내가 긴밀하게 하나 됨을 경험하면서 하나님과 하나 됨을 알게 되는 것이다.

③ _____을 위해(잠 5:18-19)

남성은 여성에게 끌리고 여성은 남성에게 끌리게끔 하나님이 남자와 여자를 다르게 만들어 주셨다. 또한 가정을 이루고 아기를 가지는 과정은 재미있고 즐거운 것으로 하나님이 만드셨다. 영적, 정신적, 육체적으로 남자와 여자가 연합하는 것은 아주 즐겁고 기쁜 일이다. 부부의 하나 됨은 의무가 아니라 굉장히 자연스러운 일이다.

1. 하나님은 남자와 여자를 만드신 후 생육하고 번성하라고 명령하셨습니다. 죄가 이 세상에 들어오면서 우리는 결혼과 출산에 대해 부정적인 생각을 하게 되었습니다. 결혼과 출산에 관해서 사람들이 많이 하는 부정적인 생각은 무엇인지, 왜 부정적으로 생각하는지 의견을 나누어 봅시다.

----

2. 기독교인으로서 결혼과 임신을 어떻게 생각해야 할까요?

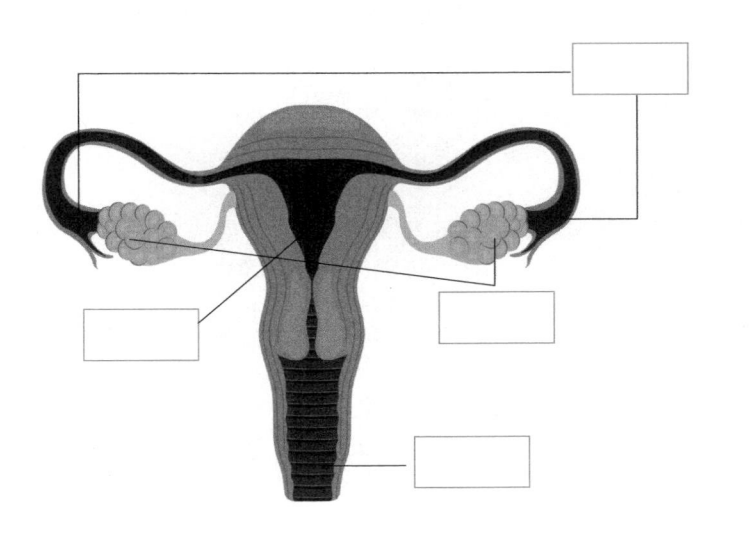

여성의
생식기관

난소

수란관

자궁

질

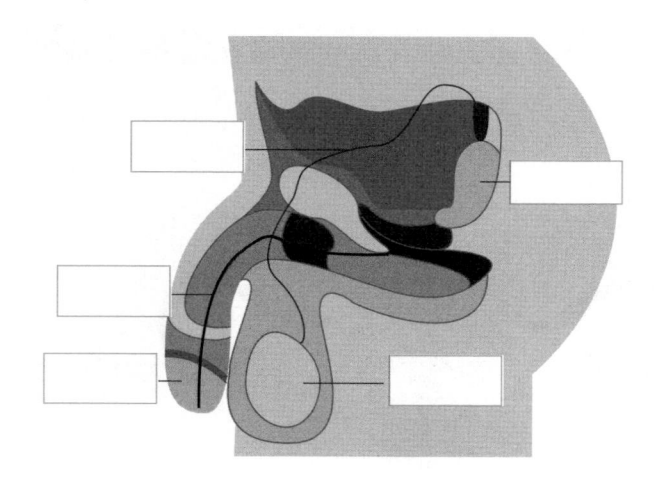

정관

요도

정낭

고환

음경

우리 몸의 모든 기관은 하나님이 만드셨습니다. 하나님이 아담과 하와를 만드시고 보시기에 좋다고 하셨을 때 생식기관을 포함한 모든 것을 보시고 말씀하신 것입니다. 창조주이신 하나님이 만드신 생식기관마다 하나님의 놀라운 섭리가 있음을 알고 있나요? 생명을 잉태하기 위하여 준비하는 과정은 하나님의 축복임을 기억하세요.

제1과 숙제

1. 나의 몸에 대하여 새롭게 배운 점이 있다면 무엇인가요? 다른 성에 대해 새롭게 배운 것은 무엇인가요?

----

2. 우리가 하나님의 형상으로 창조되었다는 것은 무슨 의미인가요?

----

3. 사람과 동물의 차이점은 무엇입니까?

①

----

②

----

③

----

④

----

⑤

----

4. 하나님이 인간을 남자와 여자로 구별하여 만드신 세 가지 이유는 무엇입니까? 하나님은 남자와 여자에게 다른 생식기관을 주셨습니다. 그 이유가 무엇인가요?

----

5. 영화 <용기와 구원>(Courageous)을 구입해 부모님과 같이 시청하고 느낀 점을 나누어 보세요.

가족과 함께 "Movie Time"

영화 〈용기와 구원〉(Courageous)을 구입하여 부모님과 같이 시청하고
질문에 답을 써보세요.

이름: _____   시청 날짜: _____

영화 제목: <용기와 구원(Courageous)>

1. 가족 중 누구와 같이 시청했나요?

2. 영화를 본 후 부모님에게 어떤 질문을 했나요?

3. 영화를 통해 하나님께서 나에게 주시는 메시지는 무엇인가요?

4. 영화를 통해 현재 나에게 적용할 수 있는 부분은 무엇인가요?

5. 가장 기억에 남는 영화 장면은 무엇인가요?

Note) 영화 시청은 선택 사항입니다.

제2과

나를 경이롭게
만드신 하나님

우리가 자연을 통해 하나님의 위대하심을 볼 수 있듯이 생명이 만들어지는 과정에서도 하나님의 오묘한 솜씨를 볼 수 있다. 생명의 시작은 아기가 태어나면서부터가 아니라 임신이 된 그 순간(conception)부터다. 그때부터 생명체 안에서 엄청난 일들이 시작된다. 하나님은 우리가 엄마 배 속에 있을 때에도 알고 계셨고, 우리를 위해 놀라운 일을 계획하셨다. 하나님이 우리를 얼마나 사랑하시는지 태아가 자라나는 과정을 통해 알아보자.

1. 하나님은 우리를 경이롭게 만드셨고 영적 존재로 지으심

2. 하나님은 우리가 하나님과 소통할 수 있도록 만드심

3. 우리가 엄마 배 속에 태아로 있었을 때에도 우리를 아셨음

암송
구절

내가 주께 감사하옴은 나를 지으심이 심히 기묘하심이라 주께서 하시는 일이 기이함을 내 영혼이 잘 아나이다 (시편 139장 14절)

※ 하나님이 인간을 남자와 여자로 구별하여 만드신 세 가지 이유는 무엇입니까? 하나님은 남자와 여자에게 다른 생식기관을 주셨습니다. 그 이유가 무엇인가요?

①
_____

②
_____

③
_____

암송구절게임

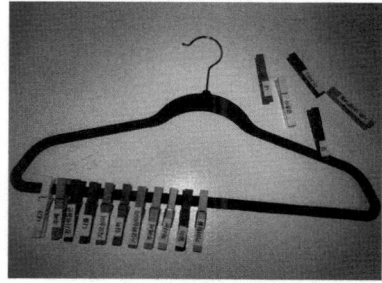 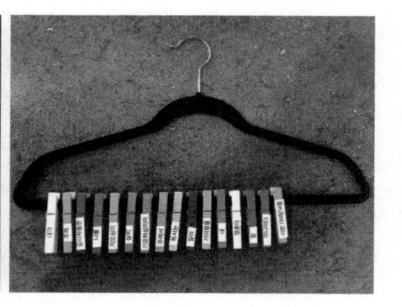

① 빨래집게마다 각각의 암송구절이 붙어 있다.

② 각 그룹의 선생님들이 옷걸이를 들고 앞에 선다.

③ 학생들은 그룹별로 한 줄씩 서 있다가 신호가 울리면 한 명씩

뛰어가서 빨래집게 하나를 찾아 옷걸이에 순서대로 끼운다.

④ 성경구절을 순서대로 제일 먼저 완성한 팀이 우승한다.

성경공부 "나를 경이롭게 만드신 하나님"

Note) 준비한 각각의 씨앗과 채소, 과일을 만져보면서 성경공부를 해보세요.

✚ 하나님은 예레미야 선지자가 모태에 지어지기도 전에 그를 알았다
고 말씀하셨습니다(렘 1:5). 그리고 태에서 나오기도 전에 예레미야를
구별하여 열방의 선지자로 세웠다고 하셨습니다. 아기가 태어나기
전부터 하나님이 아셨다는 말씀입니다.

태아의 발달과정

4주차 태아	_____ 씨앗만큼 작은 크기다. 이때는 거의 눈에 보이지도 않는 작은 형태다. 하지만 머리와 몸통이 나뉘고, 그 안에 어떤 부분이 _____ 이 될 것인지, 어떤 부분이 _____ 이 될 것인지 정해진다.
5주차 태아	_____ 만한 크기가 된다. 이때 태아는 세 영역으로 나뉘는데, 예를 들면, 한 층은 간, 방광, 췌장, 폐, 다른 한 층은 근육, 심장, 콩팥, 림프, 혈액, 그리고 또 다른 한 층은 머리, 피부, 손톱, 눈, 코, 귀, 뇌 등으로 나뉘는 것이다. 너무나 작은 생명체이지만 이 안에 모든 정보들이 들어 있고, 신체를 형성할 준비를 하고 있다. _____ 이 형성되기 시작한다.

8주차 **태아**	_____크기가 된다. 8주가 되었을 때 태아는 _____과 _____가 생긴다. 아기의 손은 _____ 쪽으로 모아질 수 있도록 길어지며 무릎이 생긴다.
14주차 **태아**	_____ 크기가 된다. 이 시기에는 ____ 이 생긴다. 만약 14주 태아의 성별이 여아라면 배 속에 어린____ 가 생긴다. 평생 동안 배란이 될 _____의 난자가 생긴다. 이때 태아의 머리 사이즈가 몸의 3분의 1이 된다.
21주차 **태아**	_____ 크기가 된다. 임신 20주가 되면 대부분 태아가 _____ 시작한다. 그래서 이때부터 책이나 성경을 읽어 주고, 기도하면 아기는 듣는다. 21주가 되면 _____이 생긴다.
27주차 **태아**	_____만 한 크기가 된다. 이때 태아는 머리카락이 자라기 시작한다. 그리고 입으로 숨을 쉰다. 이는 사실 호흡 을 하는 건 아니다. 태아는 탯줄을 통해서 호흡하지만 입으로 숨을 쉬는 이유는 _____를 준비시키기 위해서이다. 엄마 배 속에서 나갔을 때 숨을 쉬어야 하기 때문에 미리 준비하는 것이라고 할 수 있다. 이 시기의 태아는 _____에 민감하게 반응한다. 그래서 배 속에서 발로 차고 움직인다. 누가복음 1장 41-43절을 보면 예수님의 어머니 마리아가 세례 요한의 어머니 엘리사벳 집을 방문했는데, 문안하는 소리를 들은 세례 요한이 자궁 안에서 기뻐 뛰어 놀았다고 했다. 아기도 감정, 기쁨이 있고 의지가 있음을 알 수 있다. 그리고 27주가 된 태아는 저녁에 자고 아침에 일어나는 일들을 일상적으로 한다.
31주차 **태아**	_____ 크기가 된다. 이때 머리나 팔, 다리를 돌릴 수 있다. 이 시기는 태아의 _____이 한창 많을 때다.
35주차 **태아**	_____크기가 된다. 대부분의 신체 기관이 완성된다.

**40주차
태아**

_____만한 크기가 된다. 이때부터 태아의 머리카락이 많이 자란다. 그리고 머리를 _____ 하고 밖으로 나올 준비를 한다. 머리가 밑으로 내려오지 않으면 출산 시 매우 위험하다. 아이가 나올 때를 알고 몸의 위치를 바꾼다는 것만으로도 신묘막측한 일이다.

*참고: www.babycenter.com

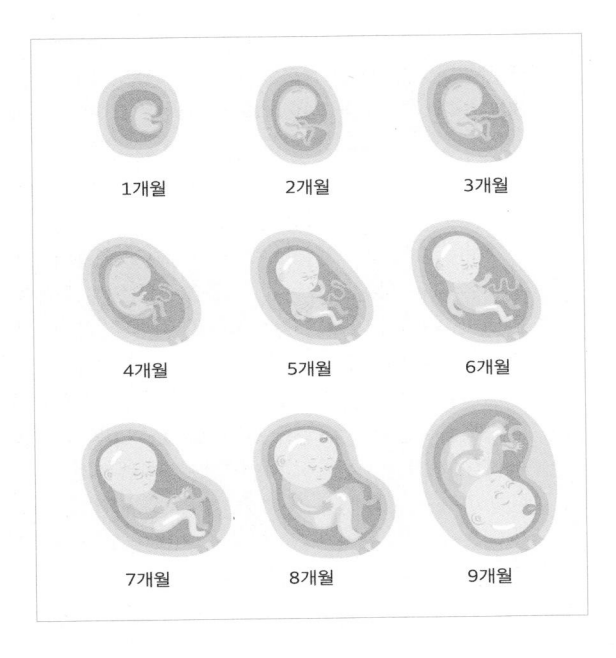

1. 태아에 대해 새롭게 알게 되거나 배운 점, 느낀 점은 무엇입니까?

----

2. 엄마 배 속에 있는 기관으로 태아가 성장하는 이곳의 이름은 무엇입니까?

----

3. 태아가 다 자라서 출산하기까지 평균 몇 주가 걸립니까?

----

4. 태아는 자궁 안에서 어떻게 영양분을 공급받나요?

----

5. 아기는 엄마의 배 속에서 어떻게 나오나요?

토론 시간

1. 배 속의 태아에게 영혼이 있다고 생각하나요?

✚ 성경구절을 함께 찾아 읽어봅니다.

주께서 내 내장을 지으시며 나의 모태에서 나를 만드셨나이다
(시 139:13)

내가 너를 모태에 짓기 전에 너를 알았고 네가 배에서 나오기 전에 너를 성별하였고 너를 여러 나라의 선지자로 세웠노라 하시기로(렘 1:5)

2. 만약 3주 된 배 속의 아기가 죽었다면 그 아기는 천국에 갔다고 생각하나요, 아니면 지옥에 갔다고 생각하나요?(옵션 1과 2 중에 하나를 택하세요)

옵션 1:

자신의 죄를 회개하지 않고 예수님을 영접하지 않았기 때문에 지옥에 간다.

다른 이로써는 구원을 받을 수 없나니 천하 사람 중에 구원을 받을 만한 다른 이름을 우리에게 주신 일이 없음이라 하였더라(행 4:12)

그들을 데리고 나가 이르되 선생들이여 내가 어떻게 하여야 구원을 받으리이까 하거늘 이르되 주 예수를 믿으라 그리하면 너와 네 집이 구원을 받으리라 하고(행 16:30-31)

예수께서 이르시되 내가 곧 길이요 진리요 생명이니 나로 말미암지 않고는 아버지께로 올 자가 없느니라(요 14:6)

옵션 2:

태아는 배 속에서 아무것도 할 수 없다. 죄를 자백하거나 예수님을 영접할 능력이나 기회가 없는 상태다. 하지만 아기가 순진하여 아무것도 모르기 때문에 구원을 받는 것이 아니라 하나님의 자비로 구원을 받을 것이라고 믿는다.

또 너희가 사로잡히리라 하던 너희의 아이들과 당시에 선악을 분별하지 못하던 너희의 자녀들도 그리로 들어갈 것이라 내가 그 땅을 그들

에게 주어 산업이 되게 하리라(신 1:39)
– 구원의 언약을 통해 하나님을 알지 못한 자녀들에게도 땅을 약속하심.

지금은 죽었으니 내가 어찌 금식하랴 내가 다시 돌아오게 할 수 있느냐 나는 그에게로 가려니와 그는 내게로 돌아오지 아니하리라 하니라
(삼하 12:23) – 다윗왕이 어린 아들이 죽은 뒤에 한 말.

예수께서 보시고 노하시어 이르시되 어린 아이들이 내게 오는 것을 용납하고 금하지 말라 하나님의 나라가 이런 자의 것이니라(막 10:14)

긍휼이 풍성하신 하나님이 우리를 사랑하신 그 큰 사랑을 인하여 허물로 죽은 우리를 그리스도와 함께 살리셨고(너희는 은혜로 구원을 받은 것이라)
(엡 2:4-5)

임신 체험 "엄마 감사해요"

1. 임신 체험하기

가방(백팩) 안에 부모님이 준비한 과일(수박, 허니듀 멜론 등)과 물병(500㎖) 4개가 있을 것입니다. 여러분이 태어날 때의 몸무게와 가장 비슷한 무게입니다. 준비한 가방을 각자 앞쪽으로 메세요. 가방 안에 있는 과일은 아기를 상징하므로 잘못 다루면 깨지기 쉽습니다. 이 시간에는 각자 조심히 아기를 지키며 다음에 제시된 행동을 하십시오.
예) 찬양과 율동하기, 계단 오르기, 바닥에 누웠다가 일어나기,
신발 끈 풀었다가 매기, 반복해서 앉았다 일어나기, 의자 옮기기 등.

✚ "임신 체험"을 통해 새롭게 배운 점들을 써 보세요.

----

2. 임신기간의 증상

임신기간의 증상은 다음 표와 같습니다. 임신했을 때 엄마의 수고를 생각하며 읽어 보세요.

1개월	피로감, 잦은 소변, 발열 증상이 있음.
2개월	소화불량, 자주 체함, 가슴이 딱딱해짐.
3개월	어지러움과 구역질을 느낌.
4개월	배가 자주 고프며 살이 찌기 시작함. 배가 커지면서 살이 틈.
5개월	헛배가 부르며 변비가 생김.
6개월	척추와 등의 고통, 손과 발이 부음.
7개월	다리와 발에 경련이 옴.
8개월	숨이 가쁘고 잠을 깊게 못 잠.

3. 부모에게 감사의 편지 쓰기

부모님께 진심으로 감사하는 마음을 담아 편지를 씁니다.

1. 엄마 배 속에 있는 기관으로 태아가 성장하는 곳의 이름은 무엇인 가요?

----

2. 태아가 다 자라서 출산할 때까지 자궁에서 평균 몇 주간 있어야 하 나요?

----

3. 태아는 자궁 안에서 어떻게 영양분을 공급받나요?

----

4. 태아는 배 속에서 어떻게 배설을 할까요? (온라인으로 답을 찾아 보세요)

5. 태아는 배 속에서 소변을 보나요?

6. 배 속의 태아에게 지문이 있나요? 언제부터 지문이 생기나요?

7. 태아는 언제부터 아빠의 소리를 들을 수 있나요?

8. 나를 임신했을 때 가장 힘들었던 증상이 무엇이었는지 엄마에게 물어보고 감사의 마음을 표현해 보세요.

- -

- -

9. '사랑의 언어 테스트'를 해보세요(큐알 참고, https://love-lang-test.netlify.app/).
본인뿐 아니라 부모님의 사랑의 언어도 알아보세요(3과를 위해 필요).

사랑의 언어 테스트

10. 영화 <사랑의 도전>(*Fireproof*)을 구입해 부모님과 같이 시청하고 느낀 점을 나누어 보세요.

플러스 활동

가족과 함께 "Movie Time"

영화 〈사랑의 도전〉(*Fireproof*)을 구입하여 부모님과 같이 시청하고 질문에 답을 써보세요.

이름: _____   시청 날짜: _____

영화 제목: 〈사랑의 도전〉(*Fireproof*)

1. 가족 중 누구와 같이 시청했나요?

2. 영화를 본 후 부모님에게 어떤 질문을 했나요?

3. 영화를 통해 하나님께서 나에게 주시는 메시지는 무엇인가요?

4. 영화를 통해 현재 나에게 적용할 수 있는 부분은 무엇인가요?

5. 가장 기억에 남는 영화 장면은 무엇인가요?

Note) 영화 시청은 선택 사항입니다.

홀로서기는 쉬운 게 아냐

부모님의 인사랑으로

올바르게 성장한

제3과

사람은 수정된 순간부터 세상에 태어나 성장하여 노인이 되어서도 몸의 변화를 경험한다. 특히 사춘기 시기에는 아이에서 어른으로 가는 중요한 발달 과정을 경험하게 된다. 신체적인 발달 과정도 중요하지만 성숙한 그리스도인으로 하나님의 성품을 닮아가는 것은 더욱 중요하다. 몸이 어른처럼 발달되어 간다고 해서 하루 아침에 멋진 믿음의 남자와 현숙한 여자가 될 수 없다. 그렇기 때문에 훈련이 필요하다.

1. 남자와 여자가 되어가는 과정(사춘기 발달 과정)

2. 믿음의 남자와 현숙한 여자로 훈련되는 과정

암송
구절

남자:

깨어 믿음에 굳게 서서 남자답게 강건하라 너희 모든 일을 사랑으로

행하라(고린도전서 16장 13-14절)

여자:

고운 것도 거짓되고 아름다운 것도 헛되나 오직 여호와를 경외하는

여자는 칭찬을 받을 것이라(잠언 31장 30절)

1. 2과 숙제를 나누어 보세요.

2. 1~2과 때 배운 암송구절을 외워 보세요.

암송구절게임

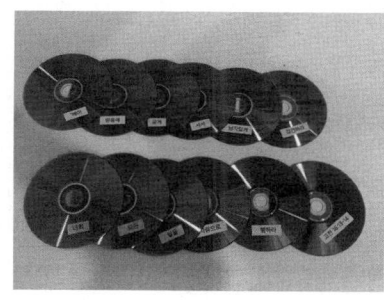
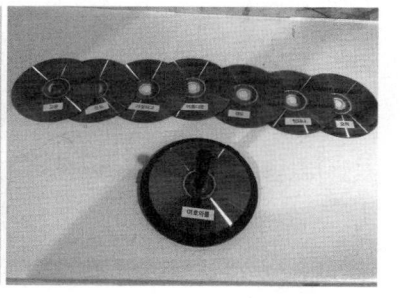

게임방법

① 앞에 남자와 여자의 암송구절을 붙인 CD가 놓여 있다.

② 각 팀에서 한 명씩 CD가 섞여 있는 곳으로 뛰어가서 암송구절 순서에 맞는 단어가 적혀 있는 CD를 찾는다.

③ 찾은 CD를 꽂이에 끼우고 돌아오면 다음 사람이 나가서 똑같이 반복한다.

④ 게임을 하는 동안 남자, 여자 성경 구절을 모두 외운다.

⑤ CD를 성경 구절 순서대로 먼저 CD 꽂이에 끼운 팀이 이긴다.

Note) CD를 구하기 힘든 경우에는 종이 접시(색이 다른 예쁜 일회용접시)로 대체해도 좋다.

하나님의 성품은 거룩하심, 자비하심, 사랑하심, 용서하심, 정직하심, 지혜로우심, 보호하심, 동일하심, 신실하심 등 이루 헤아릴 수 없이 많다. 그야말로 완전한 성품을 가지셨다. 그러나 하나님은 인간을 만드실 때 그 성품을 완벽하게 주시지 않았다. 남성적인 면과 여성적인 면을 나누어서 남자와 여자에게 각각의 성품을 주셨다. 따라서 남자와 여자가 하나 되었을 때 우리는 하나님의 완전하심을 경험하게 된다. 그런데 인간에게 죄가 들어오면서 남자와 여자에게 있던 하나님의 형상들이 손상을 입었다.

우리는 예수님을 믿음으로써 하나님의 완전한 성품을 조금씩 배우며 성화되어야 한다. 우리가 죄인이기 때문에 완벽하게 변화될 수는 없겠지만 예수님을 믿음으로 말미암아 하나님의 성품을 닮아가야 한다.

그렇다면 하나님이 쓰시는 믿음의 남자, 현숙한 여자는 어떤 사람인가? 또 그런 사람이 되려면 어떻게 훈련해야 하는가? 나이가 스무 살이 되었다고 하루아침에 현숙한 여자, 믿음의 남자가 되는 것이 아니다. 나이가 들고 오랫동안 교회를 다녀도 이기적이고 자만하며 미성숙한 사람일 수 있다. 그래서 훈련이 필요하다.

하나님의 자녀들은 하나님이 주신 재능과 시간과 건강 등을 잘 관리하고 발전시켜서 하나님께 쓰임 받는 사람이 되어야 한다. 만약에 자기 마음대로, 자기가 하고 싶은 대로만 하면서 산다면 믿음의 남자, 현숙한 여자가 될 수 없다. 기독교인이라 하더라도 그런 삶을 산 사람들은 하나님 앞에 섰을 때 심판이 기다리고 있다. 훈련되지 않은 남자를 만난 여자는 불행할 수밖에 없고, 훈련되지 않은 여자를 만난 남자 역시 불행할 수밖에 없다.

1. 남자반: 믿음의 남자로 자라는 과정의 신체 변화

- 남자들은 대개 12~13세 사이에 사춘기가 시작되어 14~16세에 절정을 이룬 다음, 17~19세 사이에 끝난다.
- 남성 호르몬(_____)이 나와서 몸의 변화가 생김

털이 자람　　가늘고 작은 솜털이 온몸에 나기 시작하고,
　　　　　　　　음모와 겨드랑이에는 두껍고 길며 어두운 색의 털이 남
　　　　　　　　　· 털의 기능:
　　　　　　　　　1. 몸에서 _____를 내보내고 _____을 줄이며
　　　　　　　　　　 몸의 _____를 조절함
　　　　　　　　　2. 먼지, 꽃가루, 박테리아로부터 보호
　　　　　　　　　3. 음모의 털은 _____로부터 피부를 보호함

몸이 커짐

1. _____가 넓어짐
2. _____이 발달함
3. 키가 자람
4. 고환과 음경, 음모가 발달함
5. _____가 높아짐
6. 얼굴의 턱, 볼, 코가 커지고 눈썹이 짙어짐
   ※ 사람마다 자라는 속도가 다를 수 있음
   ※ 건강하게 먹고 규칙적으로 운동하는 것이 중요함

목소리가 굵어짐

1. 남성 호르몬에 의해 목소리가 _____
2. 사춘기 시작부터 2~3년 정도 목소리가 갈라지는 현상이 나타남
3. 후두가 굵고 길어짐
   ※ 목소리의 변화가 있을 때 장난으로 목소리를 남용하면 안 됨

일반적인 변화

1. 여드름: _____의 변화로 피지선이 확장되고 _____가 급격히 증가함
   · 여드름의 원인은 호르몬, 탄수화물 음식, 단 음식, 스트레스
2. 반항적 태도를 보일 수 있음
   · 사춘기 시기는 정신적, 감정적으로 어른처럼 성숙해지는 시간
   · 갑작스러운 뇌의 발달로 혼동과 좌절이 올 수 있음
   · 나쁜 태도는 심리적, 사회적 발달이 진행됨에 따라 나타날 수 있음
   · 적극적이거나 수동적인 반항이 일어날 수 있음
   · 규칙과 사회 규범의 경계선을 시험하며 넘을 수 있음
   ※ 깨끗하게 씻으면서 몸을 잘 관리하는 것이 중요함
   ※ 사춘기라고 해서 부모에게 반항하고 친구들에게 무례하게 구는 것이 옳은 행동이라고 할 수 없다.
   (하나님이 '절제'를 성령의 열매로 주신 것을 기억하자)

2. 여자반: 현숙한 여자로 자라는 과정의 신체 변화

- 여자들은 대개 10~12세 사이에 사춘기가 시작되어 13~15세에 절정을 이룬 다음, 17~18세 사이에 끝난다.
- 여성 호르몬(_____)이 나와서 몸의 변화가 생김

털이 자람 가늘고 작은 솜털이 온몸에 나기 시작하고,
음모와 겨드랑이에는 두껍고 길며 어두운 색의 털이 남
- 털의 기능:
  1. 몸에서 습기를 내보내고 _____을 줄이며
     몸의 _____를 조절함
  2. 먼지, 꽃가루, 박테리아로부터 보호
  3. 음모의 털은 _____로부터 피부를 보호함

몸이 커짐 1. 난소에서 _____을 분비한다.
2. 엉덩이뼈가 굵어지고 몸의 체지방이 증가한다.
   ※ 원래 여성의 신체에는 남성보다 지방이 많다. 생리를 위해서는 일정량의 체지방이 필요하기 때문이다. 따라서 과다한 다이어트는 건강에 해롭다.

가슴이 커짐 1. 사춘기 동안 _____은 가슴을 커지게 한다.
2. 유방 조직이 발달한다. 아기를 낳은 후 모유를 생산할 수 있도록 준비시켜 주는 기간이다.
   ※ 가슴의 크기는 사람마다 다르기 때문에 큰 문제가 되지 않는다.

**생리가
시작됨**

1. 자궁은 아기가 생길 것을 대비해서 푹신한 층들을 자궁 안에 준비하지만 수정되지 않은 난자는 자궁벽에서 떨어져 나와 아주 깨끗한 피로 밖으로 배출되는데 이것을 _____ 혹은 _____ 이라고 한다.

2. 생리는 _____일 정도의 주기로 일어난다.

   ※ 생리를 시작하면 알맞은 패드를 착용하며 3~4시간마다 새로운 패드로 갈아 주는 것이 좋다.

   ※ 생리통이나 생리 전 증상 등이 있으며, 사람마다 다르게 나타난다.

* 본 내용은 게리 채프먼의 《5가지 사랑의 언어》(생명의말씀사)를 토대로 만들었습니다.

모든 사람은 각각 다른 언어로 사랑을 표현한다. 각각 자신만의 사랑의 표현 방식이 다르기 때문이다. 데이트에서 소통은 굉장히 중요한 문제다. 언젠가 데이트를 하게 된다면 자기가 생각하는 사랑의 방법이 아니라 상대방의 사랑의 언어를 알아서 그 언어로 소통해야 한다. 이렇게 상대방을 배려하는 것은 아주 중요하다. 게리 채프먼은 《5가지 사랑의 언어》에서 사랑의 유형을 다섯 가지로 나누었다. 인정의 말, 소중한 시간, 선물 나누기, 헌신의 행동, 신체 접촉 등이 그것이다.

5가지 사랑의 표현 방식 모두 소중한 사랑의 언어이며, 어떤 사랑의 표현이 다른 사랑의 표현보다 우월한 것이 아니다. 문제는 상대방의 사랑의 언어를 이해하지 못하는 것이다. 이것은 연인 관계뿐 아니라 부모님이나 친구와의 관계에도 해당된다.

자신의 사랑의 언어와 상대방의 사랑의 언어가 무엇인지 안다면 갈등을 줄이고, 서로 이해하며 살 수 있을 것이다. 나 중심으로 살아가는 사람이 아닌 상대방의 다름을 존중하며 살아가는 방법을 배울 수 있다.

사랑의 언어 테스트

※ 다음의 '5가지 사랑의 언어' 유형을 살펴보고 자기의 사랑의 언어가
무엇인지 나누어 봅시다.

5가지 사랑의 언어에는 어떤 것들이 있나요?

· _____ : 칭찬이나 높여주는 말, 인정하는 말을 들으면 사
랑을 느낌
· _____ : 함께 보내는 시간이 많을수록 사랑을 느낌
· _____ : 꼭 비싼 게 아니라도 선물을 주고받으면서 사랑을
느낌
· _____ : 다른 사람을 위해 봉사하고 섬김을 받을 때 사랑을
느낌
· _____ : 악수나 가벼운 포옹을 할 때 사랑을 느낌

5가지 사랑의 언어의 좋은 사례

· 인정하는 말: '사랑해, 고마워, 좋아, 잘했어, 최고야' 등 칭찬의 말 해
주기, 대화 도중 끼어들지 않기, 포스트잇에 감사 내용
을 써서 주기.
· 소중한 시간: 하던 일을 멈추고 그 사람과 함께 시간 갖기. 같이 빵 만
들어 보기, TV를 끄고 보드게임이나 대화하기, 가족여
행 하기.

· 선물 나누기: 선물의 가격이 아니라 그 안에 있는 마음을 더 생각함. 너무 많은 선물을 자주 주기보다 더 의미 있고 정성이 담긴 선물로 준비하기.

· 헌신의 행동: 요리해 주기, 생일선물 만들어서 주기, 안마해 주기 등.

· 신체 접촉: 안아 주기, 악수하기, 하이파이브 하기, 손잡기, 같이 손잡고 기도하기 등.

※ 신체 접촉이 사랑의 언어라고 해서 선을 넘는 신체 접촉을 해서는 안 된다. 이는 사랑의 표현이 아닌 바운더리를 넘는 행동이다.

사랑의 언어 적용하기

1. 나의 사랑의 언어 중 가장 높은 점수를 받은 두가지는 무엇인가요?

----

2. 내가 생각하는 엄마의 사랑의 언어는 무엇인지 생각해 보고 두 가지 정도만 써보세요.

----

3. 내가 생각하는 아빠의 사랑의 언어는 무엇인지 생각해 보고 두 가지
   정도만 써보세요.

   ----

4. 나는 5가지 사랑의 언어 중 어떤 사랑의 언어로 부모님에게 사랑을
   표현하나요?

   ----

5. 부모님이 여러분을 사랑하지 않는다고 느꼈던 때는 언제인가요?

   ----

1. 하나님이 쓰시는 믿음의 남자가 되는 훈련

① _____의 훈련

하나님의 뜻은 이것이니 너희의 _____이라 곧 _____을 버리고 각각 거룩함과 존귀함으로 자기의 아내 대할 줄을 알고 하나님을 모르는 이방인과 같이 색욕을 따르지 말고 이 일에 분수를 넘어서 형제를 해하지 말라 이는 우리가 너희에게 미리 말하고 증언한 것과 같이 이 모든 일에 주께서 신원하여 주심이라 하나님이 우리를 부르심은 부정하게 하심이 아니요 거룩하게 하심이니(살전 4:3-7)

우리는 _____ 존재로 하나님의 아들로 부르심을 받았다. 세상의 유혹을 따르는 삶이 아니라 _____ 기독교인으로서 능력 있는 삶을 보여 주어야 한다.

② _____의 훈련

모든 지킬 만한 것 중에 더욱 네 _____을 지키라 생명의 근원이 이에서 남이니라 (잠 4:23)

너희는 이 세대를 본받지 말고 오직 _____을 새롭게 함으로 변화를 받아 하나님의 선하시고 기뻐하시고 온전하신 뜻이 무엇인지 분별하도록 하라 (롬 12:2)

무엇을 보고 듣느냐는 우리의 생각, 언어, 행동과 성품에 영향을 준다. 사탄은 한 사람의 _____을 지배하기 위해서는 그가 _____을 지배하면 된다는 사실을 알고 있다.

③ _____의 훈련

청년이 무엇으로 그의 행실을 _____하리이까 주의 _____만 지킬 따름이니이다 내가 전심으로 주를 찾았사오니 주의 계명에서 떠나지 말게 하소서 내가 주께 _____아니하려 하여 주의 말씀을 내 마음에 두었나이다(시 119:9-11)

주의 _____은 내 발에 등이요 내 길에 빛이니이다(시 119:105)

하나님의 뜻대로 살기 위한 가장 좋은 방법은 하나님의 _____ _____을 마음에 새기는 것이다. 죄인된 우리의 생각과 지식으로는 하나님의 뜻을 알 수 없다. 말씀이 우리 발의 등이 되어 한 걸음 한 걸음 인도하시는 대로 따라갈 때 유혹이 와도 죄를 물리칠 수 있는 _____이 생긴다.

④ _____의 훈련

하나님이여 나를 살피사 _____아시며 나를 시험하사 내

뜻을 아옵소서(시 139:23)

거짓 입술은 여호와께 미움을 받아도 _____행하는 자는 그의 기뻐하심을 받느니라(잠 12:22)

하나님 앞에 _____해야 회개할 수 있다. 성숙한 기독교인이 되기 위해서 하나님과 사람들에게 _____ 해야 한다. 그러기 위해서는 거짓말을 하지 않는 _____의 훈련이 필요하다.

⑤ _____의 훈련

또 배를 보라 그렇게 크고 광풍에 밀려가는 것들을 지극히 작은 키로써 사공의 뜻대로 운행하나니 이와 같이 _____도 작은 지체로되 큰 것을 자랑하도다 보라 얼마나 작은 불이 얼마나 많은 나무를 태우는가 _____는 곧 불이요 불의의 세계라 _____는 우리 지체 중에서 온 몸을 더럽히고 삶의 수레바퀴를 불사르나니 그 사르는 것이 지옥 불에서 나느니라 (약 3:4-6)

_____ 찬송과 저주가 나오는도다 내 형제들아 이것이 마땅하지 아니하니라(약 3:10)

무릇 _____ 말은 너희 입 밖에도 내지 말고 오직 덕을 세우는 데 소용되는 대로 선한 말을 하여 듣는 자들에게 은혜를 끼치게 하라 (엡 4:29)

믿음의 남자는 자신의 _____를 통제하고 하나님이 기뻐하시는 언어를 사용한다. 언어생활을 통해 항상 자신의 신앙을 파악해야 한다.

2. 하나님이 쓰시는 현숙한 여자가 되는 훈련

① _____을 먼저 구하는 여자

그런즉 너희는 먼저 _____를 구하라 그리하면 이 모든 것을 너희에게 더하시리라 그러므로 내일 일을 위하여 염려하지 말라 내일 일은 내일이 염려할 것이요 한날의 괴로움은 그날로 족하니라 (마 6:33-34)

대단한 이상형을 만나도 행복이 보장되지 않는다. 하나님 외에는 그 어떤 것도, 그 누구도 나의 마음을 채울 수 없음을 알아야 한다. 내 인생의 _____는 항상 _____먼저!

② _____ 말하는 여자

_____ 자의 마음은 그의 입을 _____ 하고 또 그의 입술에 지식을 더하느니라(잠 16:23)

_____의 입의 말들은 _____ 우매자의 입술들은 자기

66

를 삼키나니 (전 10:12)

연애를 할 때나 결혼 생활에서 가장 중요한 것 중 하나가 소통이다. 소통을 잘하는 연인, 부부는 행복하다. 소통을 잘하기 위해서는 _____이 필요하다.

③ 진정한 _____을 지닌 여자

고운 것도 거짓되고 아름다운 것도 헛되나 오직 여호와를 _____ 여자는 칭찬을 받을 것이라(잠 31:30)

또 이와 같이 여자들도 _____ 옷을 입으며 소박함과 정절로써 자기를 단장하고 땋은 머리와 금이나 진주나 값진 옷으로 하지 말고 오직 _____ 하기를 원하노라 이것이 하나님을 경외한다 하는 자들에게 마땅한 것이니라(딤전 2:9-10)

겉모양의 아름다움은 진정한 아름다움이 아니다. 하나님을 _____하고 _____하는 마음을 가진 자가 진정한 아름다움을 가진 여자다.

④ _____한 여자

주 앞에서 _____ 그리하면 주께서 너희를 높이시리라(약 4:10)

무릇 자기를 높이는 자는 낮아지고 자기를 _____ 자는 높아지리라(눅 14:11)

자기만 알고 교만한 자를 조심하라. 하나님은 _____ 자를 들어 쓰신다.

⑤ 하나님을 _____는 여자

이제 내가 사람들에게 좋게 하랴 _____ 좋게 하랴 사람들에게 기쁨을 구하랴 내가 지금까지 사람들의 기쁨을 구하였다면 그리스도의 종이 아니니라(갈 1:10)

마음을 다해서 진실하게 _____이 진정 아름다운 믿음의 여자다.

※ 이 액티비티를 통해 배운 것을 써보세요.

_____

_____

_____

_____

_____

_____

_____

_____

_____

_____

_____

1. 내 몸의 변화를 생각했을 때 가장 두려운 것은 무엇인가요? 그 이유
   는 무엇인가요?

   ----

2. (남학생) 하나님께 쓰임받는 믿음의 남자로 자라기 위한 다섯 가지 훈
   련은 무엇입니까?

   ①
   ----

   ②
   ----

   ③
   ----

   ④
   ----

   ⑤
   ----

3. (여학생) 하나님께 쓰임받는 현숙한 여자로 자라기 위한 다섯 가지 훈련은 무엇입니까?

①

----

②

----

③

----

④

----

⑤

----

4. (남학생 / 여학생) 위의 다섯 가지 중에서 내가 더 훈련해야 할 부분은 무엇입니까? 두 가지만 쓰고 설명하세요.

----

5. 영화 <믿음의 승부>(*Facing the Giants*) 를 구입해 부모님과 같이 시청하고 느낌 점을 나누어 보세요.

 **플러스 활동**

가족과 함께 "Movie Time"

영화 〈믿음의 승부〉 (*Facing the Giants*)를 구입하여
부모님과 같이 시청하고 질문에 답을 써보세요.

이름: _____   시청 날짜: _____

영화 제목: <믿음의 승부> (*Facing the Giants*)

1. 가족 중 누구와 같이 시청했나요?

2. 영화를 본 후 부모님에게 어떤 질문을 했나요?

3. 영화를 통해 하나님께서 나에게 주시는 메시지는 무엇인가요?

4. 영화를 통해 현재 나에게 적용할 수 있는 부분은 무엇인가요?

5. 가장 기억에 남는 영화 장면은 무엇인가요?

Note) 영화 시청은 선택 사항입니다.

제4과

하나님이
기뻐하시는
데이트

성경에는 데이트에 대한 가이드가 나와 있지 않다. '데이트할 때 손만 잡아라' 혹은 '허그까지만 된다' 등 정확하게 말씀해 주셨으면 좋았겠지만, 성경에는 그러한 내용이 나와 있지 않다. 왜냐하면 하나님은 내가 어떻게 데이트를 하는가 보다는 어떤 사람이 되느냐에 관심이 있으시기 때문이다. 데이트를 통해 더 성숙해지고 믿음도 굳건해진다면 하나님이 기뻐하시는 데이트를 하고 있는 것이다. 그러한 데이트를 통해 더 나은 사람, 더 성숙한 사람으로 성장하기 때문이다. 그리고 데이트를 할 때 선(바운더리)을 지키는 것은 아주 중요하다. 내 몸은 하나님의 성전이며, 예수님의 피로 산 아주 귀한 존재임을 기억하고 성경적 데이트가 무엇인지 공부해 보자.

요점

1. 기독교인의 데이트

2. 데이트 바운더리에 관한 이해

3. 순결의 의미

암송
구절

누구든지 네 연소함을 업신여기지 못하게 하고 오직 말과 행실과 사
랑과 믿음과 정절에 있어서 믿는 자에게 본이 되어(디모데전서 4장 12절)

1. 제3과 숙제를 토론합니다.

2. 1~3과에서 배운 암송구절을 외워 보세요.

암송구절 게임

게임방법

① 암송구절을 인쇄한 라벨지를 붙인 젠가 여러 개가 바닥에 섞여 있다.

② 팀별로 한 줄로 서 있다가 신호가 울리면 한 사람씩 뛰어가서 젠가를

하나씩 집어서 가져온다.

③ 이때 말씀을 기억하면 순서대로 가져올 수 있다.

④ 가져온 젠가를 말씀 순서대로 놓아둔다.

⑤ 젠가에 붙인 말씀을 순서대로 먼저 쌓아 올리는 팀이 승리한다.

게임 규칙 : ① 게임을 하다가 젠가가 쓰러지면 다시 해야 한다.

② 젠가를 위로 쌓거나 옆으로 세우는 방법은 각 그룹에서 정한다.

성경공부 "하나님이 기뻐하시는 데이트"

기독교인의 데이트

남자와 여자가 서로에게 끌리는 것은 자연스러운 현상이다. 그런데 성경에는 데이트에 대해 손은 언제 잡아도 되는지, 키스는 언제 할 수 있는지 등은 나와 있지 않다. 하나님은 우리가 무엇을 하느냐보다 어떤 사람이 되느냐가 더 중요하다고 말씀하신다. 그런 맥락에서 데이트는 더 나은 사람이 되어 가는 과정이 되어야 한다. 데이트를 통해 더 성숙해지고 믿음도 더 굳건해진다면 바른 데이트를 하고 있는 것이다.

데이트는 가볍게 상대방을 한번 알아보는 의미에서 하는 것이 아니라 후회 없는 결혼을 위해 상대방을 관찰하는 과정이다. 서로 사랑하고 아껴 주고 모든 것이 좋았던 연애 시절이 결혼 후에도 지속된다면 그보다 좋은 게 없겠지만 그렇지 않은 경우가 많다. 뜨거운 사랑의 감정만을 믿고 결혼했지만, 그 후에 그 토록 좋아했던 상대방의 장점이 단점으로 보여 이혼까지 하는 경우도 많다. 따라서 데이트는 아주 신중히 해야 한다.

결혼을 전제로 하는 이성교제(연인 관계 데이트)는 언제부터 할 수 있는가? 손도 잡고 껴안기도 하는 결혼을 전제로 한 이성교 제는 부모로부터 경제적으로 독립할 수 있는 나이가 된 후에 해 야 한다. 왜냐하면 연인 관계 데이트의 목적은 결혼을 잘하기 위한 단계이기 때문이다. 부모의 도움을 받지 않고 경제적으로 어려움 없이 생활할 수 있는가? 자신의 행동에 책임을 질 수 있 는가? 결혼해서 아기를 낳았을 때 그 아기를 책임지고 양육할 수 있는 준비가 되어 있는가? 마음의 준비와 경제적 준비가 되 어야 연인 관계 데이트를 할 수 있다. 그런 준비가 되기 전에는 캐주얼 데이트(그룹 데이트)만으로도 서로를 충분히 알아갈 수 있 다. 캐주얼 데이트는 서로 관심을 가지고 좋아하지만 신체적 접 촉이 없는 관계다. 둘만 따로 시간을 보내는 것이 아니라 그룹 으로 만나서 서로 알아가는 관계이다.

어떤 사람들은 연인 관계 데이트를 하지 말고 결혼 전에 딱 한 사람만 만나서 결혼하라고 말한다. 데이트는 서로에게 유익 하지 않을뿐더러 그 과정에서 너무나 많은 상처를 주고받기 때 문이라는 것이다. 이는 너무 극단적인 생각이다. 어떻게 한 사 람만 만나서 연애하고 결혼을 할 수 있을까? 처음부터 나의 반 쪽을 알아보고 연애한다는 것은 쉽지 않다. 오히려 데이트를 통해 서로에게 좋은 영향력을 주도록 노력한다면, 상처를 주는 것이 아니라 서로에게 유익한 데이트가 될 수 있다. 서로를 배려하고, 상대의 바운더리를 존중하고, 하나님과 더 가까워지며 많이 배울 수 있는 데이트가 건강한 데이트다.

캐주얼 데이트는 서로를 배울 수 있는 좋은 기회가 된다. 많은 사람과 우정을 나누면서 자신에게 맞는 사람이 어떤 유형인지 판단하기에는 교회만 한 곳이 없다. 어떤 친구는 결단력이 있고, 어떤 친구는 신사적이고, 또 어떤 친구는 남을 배려하는 등 저마다의 개성이 매력적으로 느껴질 수 있다. 그런 친구들과 같이 영화 보고 수련회도 가면서 자신이 어떤 성향을 좋아하는지 알게 된다. 그렇게 조금씩 범위를 좁혀 가면서 자신의 성향을 분석할 수 있다. 그런 의미에서 우정 관계에서의 교제는 바람직하다.

연인 관계 데이트를 하기 전에 많은 사람을 관찰하며 사람을 보는 안목을 키우는 것이 중요하다. 일단 결혼한 다음에는 되돌릴 수 없기 때문이다. 결혼하기 전에 신중하게 나를 파악하고 내가 어떤 성격의 소유자에게 끌리는지를 알면 그런 사람을 만나기 위해 일찍부터 기도하게 된다.

캐주얼 데이트를 하게 되면 자신에게 어떤 단점이 있는지 알게 된다. 예를 들면 다투었는데 자신이 상대방과 며칠 동안 말도 안 하고 대화를 완전히 끊어 버리는 성격이라면, 혹은 상대에게 그런 성향이 있다면 그것을 어떻게 해결해야 할지 배울 수 있는 기회가 된다. 신체적인 접촉이 없는 우정의 관계를 더 많이 경험하면서 충분히 기도하고 서로가 준비되었을 때 데이트를 하도록 이끌어 주는 것이 바람직하다.

연인 관계 데이트를 통해 상대방을 좋아하지만 선을 넘고 싶은 마음을 통제하고 자신을 절제하는 법을 배워야 한다. 좋아한다는 이유로 스킨십을 강요하는 사람과는 처음부터 만나지 않는 것이 좋다. 그런 만남은 위험한 데이트가 될 수밖에 없다. 서로가 정해 놓은 바운더리를 존중하고 그것을 지키도록 노력하는 데이트라면 서로에게 유익하고도 건강한 교제가 될 것이다.

✚ 기독교인의 데이트 체크리스트

☐ 하나님의 나라를 먼저 구하는 데이트하기(마태복음 6:33).

☐ 기독교인과 데이트하기(고린도후서 6:14).

□ 마음을 지키는 데이트하기(잠언 4:23).

□ 충동적으로 사귀는 건지 마음을 살펴보기.

□ 부모의 조언을 구하기.

□ 주위 사람들이 두 사람의 관계를 축복하는지, 염려하는지를 점검해
  보기.

□ 둘만의 데이트보다 그룹 데이트를 즐기기.

☐ 데이트할 때 꼭 지켜야 할 선(바운더리)을 상대방에게 알리기(데살로니가전서 4:3-5).

☐ 하나님의 일을 같이 섬기기.

☐ 서로 존중하기 / 상대방을 배려하는 연습하기.

☐ 전신갑주를 입도록 만날 때마다 같이 기도하기(에베소서 6:10-20).

☐ 데이트를 시작하면서 하나님과 더 가까워지는지 멀어지는지 수시로 점검하기.

Note) 누군가를 좋아하는 것은 매우 정상적인 일이지만, 데이트를 시작하기 전에 매우 진지하게 생각해야 한다. 훗날 데이트를 할 때 "기독교인의 데이트 체크리스트"를 보며 올바른 데이트를 하고 있는지 수시로 점검하며 하나님께 지혜를 구해야 한다.

바운더리 게임

※ 바운더리 게임을 통해 배운 점을 쓰고 나눠 보세요.

소그룹 나눔 시간

1. 몇 살에 연인 관계 데이트를 하고 싶나요?

---

2. 데이트를 하게 되면 바운더리를 어떻게 세울 건가요?(손은 언제부터 잡고,

포옹은 언제 할지 등 구체적으로 쓰세요.)

3. 사귀는 사이였지만 헤어졌다고 합시다. 훗날 둘이 마주쳤을 때 반갑게 인사할 수 있으려면 바운더리를 어디까지로 정해야 할까요?

토론 시간

1. 성경은 사랑에 관해 뭐라고 말씀하시나요?(고전 13:4-7을 읽으세요)

----

2. 언제 내 이성친구에게 "사랑해"라고 말할 수 있나요?

----

3. 내가 사랑할 준비가 되었는지 어떻게 알 수 있나요?

----

4. 데이트를 할 때 왜 바운더리가 필요한가요?

----

5. 데이트에서 신체적 관계의 바운더리는 어디까지라고 생각하나요?
   이유는 무엇입니까?

----

6. 순결이란 무엇인가요?

----

7. 하나님이 자기 아들의 피로 우리 몸을 샀다고 하셨는데, 그렇다면 우
   리는 자신의 몸을 어떻게 대해야 합니까?

미래 배우자를 위한 기도제목 쓰기

어릴 때부터 미래의 배우자를 위해 기도하는 것은 아주 중요하다. 하나
님은 행복한 결혼 생활을 위해 우리의 배우자를 준비시키시지만 우리
도 미래의 배우자에게 좋은 남편, 좋은 아내가 되기 위해 영적, 정신적
으로 준비하고 훈련해야 한다. 내가 준비된 만큼 배우자도 준비시키시
는 하나님을 생각하며 미래의 배우자 기도제목을 써 보자.

1
_____

2
_____

3 _____

4 _____

5 _____

6 _____

7 _____

8 _____

9 _____

10 _____

1. 영화 <신은 죽지 않았다> (*God's Not Dead 1*)를 구입해 부모님과 같이 시청하고 느낌 점을 나누어 보세요.

신은 죽지 않았다 ▶

가족과 함께 "Movie Time"

영화 〈신은 죽지 않았다〉 (God's Not Dead 1)를 구입하여
부모님과 같이 시청하고 질문에 답을 써보세요.

이름: _____ 시청 날짜: _____

영화 제목: <신은 죽지 않았다> (God's Not Dead 1)

1. 가족 중 누구와 같이 시청했나요?

2. 영화를 본 후 부모님에게 어떤 질문을 했나요?

3. 영화를 통해 하나님께서 나에게 주시는 메시지는 무엇인가요?

4. 영화를 통해 현재 나에게 적용할 수 있는 부분은 무엇인가요?

5. 가장 기억에 남는 영화 장면은 무엇인가요?

Note) 영화 시청은 선택 사항입니다.

순결 서약식

순결 서약식은 4주간 배운 내용을 바탕으로 하나님과 부모님과 친구들 앞에서 순결한 삶을 살겠다고 약속하는 귀중한 시간입니다. 진실되고 행복한 마음으로 프로그램에 임하도록 합니다.

4주 동안 배운 성교육을 통해 나 자신과의 약속 10가지를 써 봅시다. 하나님께 서약하는 동시에 나 자신과 약속하는 시간을 잠시 가지는 것입니다. 앞으로 마음이 흔들릴 때마다 이 약속을 되새기며 기도로 승리하길 바랍니다.

1

2

3

4

5

6

7

8

9

10

순결 서약식

학생 서약서

나는 하나님, 가족, 친구, 영적 리더들 앞에서 하나님이 명령하신 것처럼 순결한 삶을 살 것을 약속합니다.

나는 하나님의 뜻을 위해 하나님의 형상으로 창조되었으며, 순결을 지킴으로써 하나님께 순종하는 삶을 살며 하나님을 기쁘시게 하기 위해 최선을 다할 것입니다.

지금 이 시간 하나님께 드리는 약속을 지키기 위해 나는 가족과 친구들에게 지혜와 충고를 구할 것입니다.

이 반지는 하나님이 내게 주신 최고의 선물을 기다리는 나의 결심의 상징입니다.
나는 이 반지를 믿음으로 끼고 하나님께 영광을 돌리는 삶을 살 것입니다.

나의 마지막 호흡을 쉬고 하나님 앞에 섰을 때 나의 순결한 삶을 통해 하나님의 이름을 높이고 영향력 있는 기독교인으로서 칭찬받을 날을 기억하며 말씀과 기도로 무장하고 거룩한 삶을 살도록 노력할 것입니다.

날짜 _____

이름 _____   사인 _____

Q & A

이성교제 · 데이트 · 결혼과 이혼

1. 저는 4학년 남학생입니다. 가끔 같은 반 여학생을 볼 때 두근거리기도 하고, 그 친구를 떠올리면 얼굴이 빨개지기도 합니다. 진짜 사랑은 어떤 느낌인가요? 진짜 사랑인지 가짜 사랑인지 어떻게 알 수 있나요?

하나님은 우리가 태어날 때부터 관계를 갈망하도록 만드셨습니다. 먼저 영적으로 갈급함을 채우기 위해 하나님과의 관계를 갈망하게 되지요. 그런 후에 남자와 여자로 만드셔서 서로 끌리도록 하셨습니다. 그러나 서로 끌린다고 해서 하고 싶은 대로 할 수는 없습니다. 서로 책임질 수 있는 성숙한 남자와 여자가 되었을 때 행복한 결혼을 위해 하는 것이 데이트입니다. 우리는 모두 이 데이트의 과정을 건강하게 통과할 수 있어야 합니다.

좋아하는 감정과 사랑은 다릅니다. 좋아하는 감정은 어떠한 조건이 따르지만, 사랑에는 조건이 없습니다. 그리고 사랑은 느낌이 아니라는 것을 꼭 알려 주고 싶네요. 먼저 성경은 사랑에 관해 어떻게 말씀하는지 찾아보겠습니다. 고린도전서 13장에는 사랑에 관한 정의가 나옵니다. 그런데 말씀 어디에도 사랑이 어떤 감정이라는 설명이 없습니다. 오히려 "사랑은 오래 참고 사랑은 온유하며 시기하지 아니하며…"라고 이어지는 말씀을 읽다 보면 사랑은 '의지'라는 것을 알 수 있습니다.

그렇다면 우리는 왜 사랑을 느낌이나 감정으로 착각하는 걸까요? 그것은 미디어의 영향이 가장 큽니다. 만약 사랑이 느낌이나 감정이라면 여기에서 큰 오류가 생깁니다. 느낌은 날씨나 상황 등에 따라 항상 바뀌기 때문입니다. 그래서 우리는 너무 쉽게 "나는 너를 사랑해"라고 이야기했다가, 얼마 안 가 "나는 너를 더는 사랑하지 않아"라고 이야기합니다. 더군다나 사춘기 때는 호르몬의 영향으로 감정의 변화가 자주 일어나지요. 사랑을 느낌이나 감정으로 간주한다면 사랑처럼 믿지 못할 감정이 어디 있겠습니까? 상대방이 사랑한다고 말한들 그 말을 얼마나 믿을 수 있을까요? 그러니 우리는 더는 착각해서는 안 됩니다. 사랑은 느낌이나 감정이 아닙니다. 사랑은 '의지'의 문제입니다.

저는 결혼한 지 25년이 되었는데 남편을 사랑하는 마음은 결혼 초보다 지금이 훨씬 더 크다고 자신 있게 말할 수 있습니다. 사랑이 감정에 불과했다면 제가 이렇게 고백할 수 있을까요? 하나님이 상대방을 내 배우자로 택하셨다는 확신이 든다면 우리는 의지적으로 그를 더욱더 사랑하려고 노력해야 합니다. 우리는 죄인이기 때문에 상대방을 알수록 실망하는 경우가 더 많지요. 그래서 사랑은 오래 참고 온유하며 시기하지 않는 것입니다.

2. 이성 친구는 언제부터 사귈 수 있나요?

이성 교제와 데이트는 자신이 경제적으로 독립할 수 있는지, 건강하게 데이트할 수 있을 정도로 성숙한지, 자기를 절제할 수 있는지, 두 사람 사이에 일어나는 모든 일에 책임을 질 수 있는 나이인지 점검해 본 후에 시작하는 것이 바람직합니다. 경제적, 정신적, 사회적으로 책임질 수 있을 때가 이성 교제와 데이트를 하기 적절한 시기입니다. 왜냐하면 데이트는 결혼을 잘하기 위한 과정이기 때문입니다. 그 전에는 이성 친구로 우정의 데이트를 할 것을 권합니다. 둘만 만나는 것보다 여러 사람과 함께 그룹으로 만나거나 건전하게 사귈 것을 적극 추천합니다.

만약 적당한 시기가 되어 보다 성숙한 데이트를 시작하게 된다면 한 사람과만 만나야 합니다. 만남을 지속하다가 그 사람과 결혼하게 되면 가장 좋겠지만, 서로 성격이 맞지 않아 헤어지고 다른 사람을 만나게 될 수도 있습니다. 그래서 헤어지더라도 서로에게 상처를 주지 않도록 적절히 선을 지키면서 이성 교제를 이어 가는 것이 바람직합니다.

3. 저는 10세 남학생입니다. 두 달 정도 한 여학생을 좋아했는데 갑자기 얼마 전부터 다른 여학생이 좋습니다. 제가 이상한 건가요?

먼저 사랑(love)과 좋아하는 감정(like)은 다르다는 것을 알려 주고 싶네요. 학생이 이 둘을 제대로 구분하지 못했기 때문에 혼란을 느끼고 있다고 생각합니다.

누군가를 좋아하는 감정은 지극히 자연스러운 것입니다. 특히 사춘기 때는 호르몬의 영향으로 감정이 지속적이지 않습니다. 그래서 오늘은 이 이성을 좋아했다가 다음날은 다른 이성에게 호감을 느낍니다. 이는 이상한 일이 아닙니다. 하지만 내가 상대방에게 '좋아한다'고 이야기하는 순간 상황은 달라집니다. 상대방의 입장에서 생각했을 때 누군가 자신에게 좋아한다고 고백했다면 그와 함께 있을 때마다 자신을 의식하게 되고 그가 나만 바라보며 나와 함께 시간을 보내 줄 것을 기대하게 됩니다. 그런데 며칠 지나지 않아서 갑자기 "나는 이제 네가 좋지 않아. 다른 아이가 더 좋아"라고 말한다면 상대방은 큰 충격과 상처를 받게 될 것입니다. 이것은 정말이지 책임감 없는 말이고 행동입니다.

이성 친구를 좋아하는 것은 자연스럽지만 그때마다 상대방에게 좋아한다고 고백할 필요는 없습니다. 오히려 친구로 남아있는 것이 훨씬 더 서로에게 좋은 일입니다. 사춘기 때는 가볍게 좋은 친구를 많이 만들기를 권합니다. 그러다 보면 나와 잘 맞는 성격의 친구가 누구인지 알게 됩니다. 그리고 단둘이 만나기보다 그룹 안에서 함께 어울리다 보면 다른 사람들을 관찰할 좋은 기회를 얻습니다. 여러 친구와 함께 대화하면서 관계를 유지하는 것이 가장 좋은 방법이라고 생각합니다.

---

4. 제 부모님은 제가 어렸을 때 이혼하셨어요. 저는 부모님을 보면서 저역시 결혼해도 이혼할 것 같다는 생각이 자꾸 들어요. 정말로 제가 결혼 후에 이혼하면 어쩌지요? 그냥 결혼을 안 하는 게 낫지 않을까요?

결혼은 누구에게나 쉽지 않은 여정입니다. 어떤 이유로 부모님이 이혼했는지는 알 수 없지만, 그 일로 많은 상처를 받았을 것이라 생각합니다. 저 또한 이혼한 가정에서 자랐기 때문에 누구보다도 그 마음을 잘 압니다.

저는 사춘기 때부터 남편을 만나기 전까지 독신주의자였습니다. 부모님이 이혼하는 과정을 보면서 '내 부모님도 과거에는 서로 사랑했을 텐데 이렇게 이혼하는 것을 보면 이 세상에 진짜 사랑은 없는 것이다'라는 결론을 내렸기 때문이지요. 그리고 '올바른 가정환경에서 자라지 못했으니 나는 분명히 행복한 가정생활을 할 수 없을 거야'라고 생각했습니다. 그래서 다른 친구들과 달리, 저는 연애를 하지 않았습니다. 이성을 만나도 친구 관계를 유지했지요. 하지만 하나님은 이것 또한 저의 자만심에서 비롯된 것임을 보게 하셨습니다.

그리고 남편을 만나면서 두 사람이 하나가 되어 하나님을 섬길 때 더 큰일을 할 수 있음을 알게 되었습니다. 두 사람이 서로 신뢰하고 존중해 줄 때 아름다운 가정을 만들 수 있음을 경험하게 되었습니다. 그리고 내 자녀에게 더 행복한 가정을 선물해 주고 싶은 생각에 바람직한 가정이 무엇인지를 열심히 공부하고, 그런 가정을 위해 실천하다 보니 많은 사람에게 본이 되는 가정을 꾸릴 수 있게 되었습니다.

부모님의 실패를 반면교사로 삼아 더 멋진 가정을 이룰 수 있다는 소망을 가지길 바랍니다. 하나님이 중심이 되는 가정은 절대 실패하지 않습니다.

아기 · 생명

5. 저는 이제 곧 동생이 생깁니다. 엄마 배 속에 있는 동생의 심장 소리를 들었는데 너무 신기했습니다. 그런데 아기는 어떻게 세상으로 나오나요?

하나님은 참으로 지혜로운 분이세요. 그것은 아기를 낳는 과정을 통해 알 수 있습니다. 엄마 배 속에 있던 아기가 모체 밖으로 나올 때, 만약 소변이나 대변이 나오는 곳으로 나온다면 어떨까요? 위생적인 문제로 아기가 위험에 처할 수 있겠지요. 아기가 태어난 이후에도 질병에 걸릴 가능성이 클 것입니다.

아기는 '질'(膣)이라는 여성의 신체 기관을 통해 엄마 몸 밖으로 나옵니다. 아기가 나올 때가 되면 엄마는 진통을 느낍니다. 그러면 병원에 가서 의사의 도움을 받아 분만할 준비를 합니다. 진통 시간이나 분만 과정은 사람마다 다릅니다. 어떤 엄마는 서너 시간 만에도 아기를 낳지만, 어떤 엄마는 스무 시간을 훌쩍 넘겨도 낳지 못할 수 있습니다. 대부분은 14~20시간을 거쳐 아기가 탄생합니다.

자궁경부가 조금씩 열리면서 진통이 시작됩니다. 진통은 일정한 간격을 두고 오는데, 그 간격이 좁아지면서 자궁경부가 완전히 열리면 아기가 머리부터 질을 통해 나오게 됩니다. 진통이 오는 이유는 출산할 때 아기가 쉽게 나올 수 있게 하려고 엄마의 골반뼈가 늘어나기 때문이지요. 뼈가 늘어나기에 통증이 점점 심해지는 것입니다. 특히 아기가 엄마의 질을 통해 나오게 되면 그 과정에서 엄마의 몸속에 있던 좋은 미생물들이 아기에게 전달되어 질병과 싸울 수 있는 건강한 상태가 된다고 합니다. 질은 출산 후 다시 약한 진통과 함께 천천히 수축합니다. 하나님이 만드신 출생의 과정은 참으로 신비롭습니다.

이렇게 아기가 엄마의 질을 통해 나오는 과정을 '자연분만'이라고 합니다. 만약 산모나 태아의 상태에 따라 의사가 자연분만이 위험하다고 판단하면 산모의 복부를 절개하고 아기를 낳는 '제왕절개' 수술로 분만을 하기도 합니다.

6. 아기는 어떻게 생기나요?

하나님이 세상을 창조하실 때 모든 동물(지렁이, 플라나리아 등 하등동물 제외)을 암컷과 수컷으로 나누어 만드셨습니다. 암컷의 씨와 수컷의 씨가 만나 수정되면 새끼가 생기는 것이지요. 인간도 방식은 같습니다. 하나님은 아담이 혼자 있는 것을 보시고 "사람이 혼자 사는 것이 좋지 아니하니 내가 그를 위하여 돕는 배필을 지으리라"(창 2:18) 하시고 여자를 만들어 주셨습니다.

남자와 여자가 결혼함으로써 진정한 사랑의 약속을 맺고 나면, 사랑의 행위를 통해 아기가 잉태됩니다. 이것은 성(sex)적 행위이기도 한데, 이 과정에서 남자 몸속에 있는 아기 씨가 여자 몸속으로 들어가 여자 몸속에 있는 아기 씨를 만나 수정과 착상의 과정을 거쳐 임신하는 것입니다. 우리가 기억해야 할 것은 성을 창조하신 분도 하나님이시고, 성적인 행위를 통해 생명이 잉태되도록 하신 분 또한 하나님이시라는 사실입니다. 하나님은 이 모든 창조 과정을 끝내신 후에 "보시기에 심히 좋았더라"(창 1:31)라고 말씀하셨습니다. 여기에는 우리 몸의 모든 기관과 성도 포함됩니다. 성을 통해 생명이 잉태되는 방법은 하나님이 우리에게 주신 큰 복 중 하나임을 기억해야 합니다.

얼핏 생각하면 인간의 노력으로 생명이 만들어지는 것 같지만, 모든 생명은 하나님이 허락해 주셔야만 만들어질 수 있습니다. 따라서 모든 생명(태아)은 아주 소중한 존재입니다.

7. 왜 여자는 월경(생리)을 하나요? 그리고 그 시기가 되면 왜 아픈가요?

월경은 보통 11~14세에 시작해서 50세 전후까지 하게 됩니다. 이것은 여성이 몸속에 아기를 품을 준비를 하는 과정이라고 할 수 있습니다.

여성의 몸에서 난자가 생성될 때가 되면 자궁 내벽에 변화가 생깁니다. 아기가 생길 것을 대비해서 태아의 침대 역할을 해 줄 두꺼운 쿠션을 만드는 것이지요. 이것은 아기가 될 수정란을 보호해 주는 역할을 합니다. 그런데 난자가 수정되지 않으면 이 자궁 내벽(내막)도 필요가 없어지니 자연스럽게 떨어져 혈액의 형태로 질을 통해 몸 밖으로 나오게 됩니다. 아기를 품기 위해 만들어졌던 자궁의 벽이었기 때문에 이 세상에서 가장 깨끗하고 고귀한 피라고 할 수 있습니다.

월경 기간이나 주기는 사람마다 다릅니다. 보통은 28일 주기로 4~7일 정도 하지만, 초경 무렵에는 그 주기와 기간이 불규칙한 경우가 많습니다. 따라서 갑자기 월경이 시작될 것을 대비하여 필요한 준비물(위생팬티, 패드 등)을 가방에 넣어 다닐 것을 권합니다.

월경이 시작되기 몇 시간, 빠르게는 10일 전부터 월경전증후군(PMS; Premenstrual syndrome)이 나타날 수 있습니다. 호르몬의 변화로 불안감, 우울감, 무기력증, 집중력 저하 등이 나타나거나 감정의 기복이 심해지기도 하고, 두통, 복통 등의 통증이 생기기도 합니다. 이런 증상을 통틀어 월경전증후군이라고 합니다. 이때는 단 음식이나 카페인을 줄이고 칼슘과 마그네슘을 먹는 것이 도움이 됩니다.

월경전증후군이 있다고 해서 가족이나 사랑하는 사람들에게 함부로 하는 것은 하나님 앞에서 핑계가 되지 않지요. 이 기간에 우리는 더욱 마음을 가꾸고 말과 행동을 조심해야 합니다.

8. 성에 관심이 커지고 내 몸의 생식기에 대해서도 자꾸 생각하게 됩니다. 이것도 죄인가요?

우리는 가정이라는 테두리 안에서 부모의 성을 통해 생명으로 잉태되어 자녀로 태어났습니다. 우리는 태어날 때부터 생식기를 지니고 있습니다. 자라면서 내 몸에 관심을 갖는 것은 지극히 당연합니다. 하지만 그 정도에 따라 조절이 필요할 수도, 그저 자연스러운 과정으로 넘길 수도 있습니다. 만일 성에 관한 관심이 지나쳐 다른 사람의 생식기가 궁금해지거나, 나아가 포르노를 접하게 된다면 엄청난 충격에 휩싸이게 될 것입니다.

사춘기에 접어들면서 호르몬 분비와 신체 변화로 인해 성적 욕구가 생기는 것은 자연스러운 현상입니다. 하지만 성적 욕구가 생길 때마다 다른 방법으로 욕구를 해소한다면 동물과 다를 바 없을 것입니다. 하나님이 주신 절제와 의지를 통해 자신의 몸을 소중히 지켜야 합니다. 몸뿐만 아니라 생각도 건강하게 지키도록 노력해야 합니다.

사춘기 학생들이 몸과 정신을 건강하게 지키는 데 가장 좋은 방법은 운동입니다. 운동은 몸 안의 에너지를 밖으로 내보내는 데 아주 효과적입니다. 여러 운동을 경험해 보고 그중 몇 가지를 취미로 삼아 그것에 몰두해 보기를 권합니다. 취미에 몰두하다 보면 어느 순간 머리를 가득 채웠던 성에 관한 생각이 사라져 있는 것을 발견할 것입니다.

우리 신체 중 특히 생식기는 아주 소중히 다루어야 합니다. 생명을 만들어 내는 기관이기 때문입니다. 만약 내게 값나가는 보석이 있다면 어떻게 하겠습니까? 혹시나 더러워지거나 빼앗길 것을 대비해 남들 눈에 띄지 않도록 보관하고 아주 소중히 다룰 것입니다. 마찬가지로 우리 생식기 또한 함부로 다루거나 사람들 앞에 보여 주는 것은 옳지 않습니다. 또한 다른 사람이 만지려고 할 때도 안 된다고 분명히 말해야 합니다. 그리고 그런 일이 있을 때는 꼭 부모님에게 알려야 합니다.

---

9. 성에 대해서 꼭 부모님과 이야기를 나눠야 하나요? 저는 인터넷과 유튜브에서 정보를 얻고, 성에 대해 잘 아는 친구들과 이야기하는 게 훨씬 편합니다.

의사가 암 환자에게 인터넷이나 미디어 사용을 중단하라고 말한다는 얘기를 종종 듣습니다. 이유는 환자가 잘못된 정보를 보고 듣는 것을 차단하기 위해서입니다. 암에 대해서도 그렇다면 성에 대한 정보는 어떨까요? 이 세상에 죄가 들어오면서 사탄은 우리를 죄에 빠뜨리려고 호시탐탐 기회를 노리고 있습니다. 사탄이 우리를 유혹하기에 가장 좋은 방법 중 하나가 성 문제입니다. 각종 인터넷 사이트, 유튜브, 광고, 게임, 음란 영상물, 영화, 만화, TV 등 미디어를 통해 흘러나오는 성에 대한 잘못된 정보들이 홍수를 이루고 있습니다. 아직 분별력이 미숙한 사춘기 청소년들을 대상으로 성을 상품화하고 성에 대해 잘못된 가치관을 심어 주는 미디어의 행태가 너무나 위험한 수준에 도달해 있습니다.

하나님은 부모님을 여러분의 가장 좋은 선생님으로 택하셨습니다. 그리고 여러분은 부모님의 성을 통해 이 세상에 태어났다는 것을 기억하세요. 어릴 때부터 부모님과 성에 관해 자연스럽게 이야기해 왔었다면 사춘기가 되어도 부모님과 자연스럽게 이야기할 수 있을 것입니다. 어쩌면 여러분의 부모님은 예전부터 이 문제에 관해 여러분에게 어떻게 얘기할지 고민해 왔는지도 모릅니다.

물론 어떤 친구는 사춘기에 접어들 때까지 부모님과 한 번도 성에 관해 대화해 보지 않았을 수도 있습니다. 부모님도 그 부모님에게 이 주제에 대해 배우지 못해서 여러분과 대화 나누기 부담스럽다 생각할 수도 있어요. 그럴 때는 올바른 정보를 담은 서적들을 부모님과 함께 읽어 보면서 성에 대해 같이 알아 가는 것도 좋은 방법이라고 생각합니다. 기억하세요. 부모님도 엄마와 아빠라는 역할이 처음 맡겨진 일이라서 완벽하게 알 수는 없다는 것을요.

10. 저는 초등학교 6학년 학생입니다. 모세의 율법을 공부하다가 할례에 관한 대목을 읽었습니다. 할례가 뭔지 몰랐는데 선생님에게 물어보니 포경수술이라고 하더군요. 당시 이스라엘 백성은 하나님의 자녀임을 나타내기 위해 남자아이들은 포경수술을 했어야 했다고요. 그런데 지금도 크리스천은 포경수술을 해야 하나요? 사실 저는 아직 포경수술을 안 했어요. 제 친한 친구 몇 명은 포경수술을 했더라고요. 저도 해야 할까요? 해야 한다면 그 이유가 무엇인가요?

포경수술은 남성 음경의 포피 외곽을 제거하는 수술입니다. 성경에서는 할례(circumcise)라는 단어를 썼는데, 이는 '자르다'(to cut around)라는 뜻이며 아브라함의 모든 자손에게 하나님은 할례를 명령하셨습니다. 그리고 구약의 율법(the Old Testament Law)에 따라 오랜 기간 유대인 남자아이들은 할례를 받았습니다.

하지만 예수님이 이 세상에 오심으로 우리는 더는 구약의 율법에 구속되지 않게 되었습니다. 십자가에서 우리를 위해 피 흘리시고 부활하신 예수님을 믿으므로 우리는 할례뿐 아니라 다른 율법에도 속하지 않게 되었습니다(갈 5:1-6, 골 2:8-12). 모든 율법으로부터 자유로워진 것입니다. 더는 우리에게 할례자든 무할례자든 상관이 없어졌습니다. 그래서 사도 바울은 "할례는 마음에 할지니"(롬 2:29)라고 말합니다. 사실 율법을 지키려고 열심히 노력한다 해도 우리는 그 많은 율법을 다 지킬 수 없는 연약한 존재에 불과하다는 사실을 깨달을 뿐입니다.

현대에 와서 포경 수술의 필요성은 각 나라와 사회마다 견해가 다릅니다. 'National Hospital Discharge Survey'에 의하면 미국에서는 신생아의 65.3퍼센트가 포경수술을 하지만, 독일과 일본은 1퍼센트 미만의 신생아만이 포경수술을 하고 있습니다. 일각에서는 포경수술을 하지 않으면 위생적으로 좋지 않고 요로감염이 많이 발생한다고 하지만, 또 한편으로 현대는 과거와 달리 샤워 시설과 위생 상태가 좋은 시대이기 때문에 잘 관리만 한다면 전혀 문제가 없다고도 말합니다. 이 문제는 구약의 역사를 바탕으로 해야 할지 말지를 결정하기보다, 부모가 자녀의 상태를 의사와 잘 상의하여 결정해야 한다고 생각합니다.

외모 · 성형

11. 세상에는 왜 이렇게 예쁘고 날씬한 여자들이 많을까요? 저도 예쁜 여자가 되어서 인기가 많았으면 좋겠다고 자주 생각합니다. 그래서 살도 빼고 성형수술도 하고 싶어요. 성경에 이런 부분에 대해서도 나와 있나요?

성경은 성형수술에 대해서 언급하고 있지 않습니다. 다만 "고운 것도 거짓되고 아름다운 것도 헛되나 오직 여호와를 경외하는 여자 는 칭찬을 받을 것이라"(잠 31:30)는 기록이 있습니다.

성형수술이나 살을 빼고 싶을 때 먼저 동기가 무엇인지 점검해 보세요. 가령 눈이 너무 처져서 시력에 문제가 있거나, 코가 기형적 이어서 비염으로 고생한다든지 반드시 수술이 필요한 상황이 있습 니다.

그러나 주변 사람의 이목이 신경 쓰인다거나 외모 콤플렉스 때 문이라면 다시 생각해 봐야 합니다. 성형수술의 여부를 결정하기 전 에 꼭 기도해 보기를 권합니다. 혹시 예뻐 보이고 싶은 이유가 칭찬 받고 인정받고 싶은 마음 때문인가요? 사람들의 칭찬과 인정을 받 지 못해 마음이 공허한가요? 그렇다면 아무리 성형수술을 하고 살 을 빼도 만족감은 없을 것입니다. 있더라도 잠깐뿐입니다. 나의 겉 모습만 좋아하는 사람들과는 관계가 오래가지 않았습니다. 아무리 살을 많이 빼고 수술을 한다 해도 시간이 지나면 누구에게나 주름살 이 생길 것이며 노화가 올 것입니다. 오히려 아름답게 늙어가는 사 람들이 더 멋져 보입니다.

제 주위를 보면 예쁘거나 잘생기지는 않았지만 남다른 매력을 지닌 사람들이 많습니다. 그 사람들의 성품과 다른 이들을 존중하는 마음을 보면 겉모습과 상관없이 그들이 가진 내면의 아름다움을 느 끼게 됩니다. 무엇보다도 하나님과 이웃을 사랑하는 사람은 멋집니 다. 마음과 인격을 아름답게 가꾸는 것에 시간을 투자하십시오. 그러면 많은 사람이 학생의 아름다움을 알아볼 것입니다.

12. 학생 때 인기 많은 사람은 나중에 결혼해서도 행복할 것 같아요. 어떻게 생각하세요?

세상이 추구하는 행복과 크리스천이 추구하는 행복은 다르다는 사실을 알고 있나요? 세상에서는 좋은 집과 멋진 차가 있고, 높은 연봉을 받는다면 행복할 것이라고 말합니다. 그런데 현실에서는 오히려 부와 명예를 좇는 사람들이 더 심한 우울증과 정신질환을 호소하는 경우가 많습니다. 왜냐하면 우리의 진짜 행복은 하나님으로부터 오기 때문입니다.

돈이 많기 때문에, 혹은 멋있고 예쁜 이성 친구와 사귀기 때문에, 혹은 그런 상대와 결혼했기 때문에 외롭지 않을 거라는 생각은 착각입니다. 우리는 혼자일 때에도 하나님 한 분만으로 만족하고 행복할 수 있어야 합니다. 그래야 이성 친구가 생겼을 때, 더 나아가 결혼했을 때 행복한 시간을 보낼 수 있습니다. 따라서 어릴 때 인기가 많았던 사람이 아니라 하나님을 깊이 만나 본 사람, 하나님이 중심이 되는 이성 친구를 만나야 나중에 결혼해서도 행복해질 가능성이 큽니다.

하나님 한 분만으로 만족할 줄 모르는 사람은 결혼해도 행복할 수 없습니다. 기독교인이든 비기독교인이든 우리는 모두 죄인이기 때문에 아무리 좋은 사람과 결혼해도 서로에게 상처를 줄 수 있습니다. 부부가 함께 삶의 난관을 믿음으로 이겨 나가고 서로의 약점을 보완해 주는 관계가 될 때에야 비로소 행복한 결혼 생활을 누릴 수 있습니다.

음란 · 낙태

13. 포르노가 자꾸 생각나서 완전히 끊을 수가 없습니다. 집에 혼자 있을 때나 화장실 갈 때 휴대폰으로 자꾸 포르노를 보게 됩니다. 어떻게 해야 하나요?

1970~1980년대까지만 해도 어른들조차 음란물을 보려면 직접 비디오 가게에 가서 비디오테이프를 빌리거나 사야 하는 번거로움이 있었습니다. 그뿐만 아니라 다른 사람들의 시선을 신경 쓰다 보니 음란물을 접촉하기가 쉽지 않았습니다. 더군다나 청소년들은 음란물을 접할 기회가 거의 없었습니다. 정부에서도 음란물의 위험성을 알기에 청소년들이 음란물에 노출되지 않도록 하는 데 협조했습니다.

하지만 시대가 바뀌어 아이들을 포함한 대부분의 사람이 너무 쉽게, 언제든 원하면 혼자서 음란물을 볼 수 있게 되었습니다. 저는 이런 사실이 무척 마음 아프고 안타깝습니다. 더 나아가 다음 세대가 걱정됩니다. 죄는 달콤합니다. 하지만 그 뒤에는 쓰라린 고통이 있습니다. 음란물 뒤에 있는 사탄의 추악한 음모를 알아야 합니다.

우선 음란물은 하나님의 형상으로 지음받은 우리의 몸을 동물처럼 비하합니다. 그리고 한 번 음란물을 보기 시작하면 더 자극적인 것이 보고 싶어집니다. 그러다 보면 중독의 길로 가게 됩니다. 음란물에 중독되면 감정의 뇌가 생각의 뇌보다 커지는 심각한 상황에 빠집니다. 그러면 생각이 아니라 감정이 시키는 대로 행동하게 됩니다. 음란물에 중독되면 결혼 후에도 심각한 문제가 발생합니다. 그동안 중독되었던 음란물의 영향 탓에 부부 사이에 정상적인 성생활이 이루어지지 않는 것입니다.

우선 화장실에 갈 때 휴대폰 대신 책을 가지고 들어가는 습관을 들이세요. 자신과의 약속도 중요하지만, 부모님에게 얘기하고 도움을 청하기를 권합니다. 그리고 컴퓨터를 비롯하여 디지털 기기의 사용을 자제하고, 운동이나 다른 취미 생활에 집중하기를 권합니다. 사탄은 여러분의 가장 약한 부분을 알고 있습니다. 여러분도 노력해야 하지만 무엇보다 말씀으로 무장하여 이러한 공격을 넉넉히 이길 수 있도록 기도해야 합니다.

14. 낙태는 죄인가요? 낙태는 생명을 죽인 것이니까 하나님이 용서하지 않으실 것 같아요.

요즘 미디어를 비롯해 많은 사람이 낙태를 여성의 권리라고 주장합니다. 과연 그럴까요?

저는 성교육을 할 때마다 학생들에게 "생명은 언제 시작하지요?"라고 물어봅니다. 학생들 대부분은 아기가 세상 밖으로 태어났을 때부터라고 대답합니다. 학교 교육과 미디어의 영향 때문입니다. 미국 가족계획연맹(Planned Parenthood)은 낙태를 권할 때 태아를 'a thing'이라고 표현합니다. 생명으로 보지 않는 것이지요. 하지만 생명은 임신이 된 그 순간부터입니다. 생명의 시작은 태아로 만들어진 그 순간, 즉 수정(conception)이 이루어진 순간부터임을 알아야 합니다(시 139:14).

그런 의미에서 낙태는 하나님의 형상으로 만들어진 아기를 죽이느냐 살리느냐의 문제로 봐야 합니다. 아기를 죽이고 살리는 것을 내가 결정한다는 사실 자체가 하나님의 권위에 도전하는 것입니다. 또 하나, 이 세상에 하나님이 용서하시지 못할 죄는 없습니다. 그만큼 예수님의 십자가 보혈의 힘이 큰 것이지요. 만약 전에 낙태의 죄를 지었다 해도 회개하면서 하나님의 은혜를 구하면 용서받을 수 있습니다.

동성애

---

15. 저는 12세 남학생입니다. 그런데 남자를 대하는 것이 더 편하고 좋습니다. 제가 혹시 동성애자일까요?

학교에서 친구들과 어울릴 때 동성끼리 대화하고 놀기가 편한 것은 당연합니다. 오히려 남자애가 '나는 여자들이 더 좋아'라고 생각하며 여자애들하고만 논다면 더 심각한 문제가 될 수 있습니다. 여자아이들 또한 자신의 성향과 비슷한 동성의 친구들과 어울리는 것이 훨씬 더 편한 게 당연합니다.

현재 미국 공립학교에서 가르치는 성 정체성의 문제점은 성적 취향(sex orientation), 즉 내가 어떤 사람에게 끌리는가에 따라 자신의 성을 결정하도록 한다는 것입니다. 가령 내가 남자인데 남자인 친구와 게임을 하고 영화를 보고 밥 먹는 게 좋다고 해서 남자를 사랑하는 것이라고 할 수는 없습니다. 이것은 우정이지 동성애가 아닙니다. 그리고 형이 아우를 사랑하고 친구가 친구(남자가 남자)를 아끼고 아버지가 아들을 사랑하는 것은 동성애라고 할 수 없습니다. 이것은 아들에 대한 아버지의 사랑, 친구 간의 우정, 형제간의 우애입니다.

제 학창시절에 여자이지만 남자처럼 옷을 입고 행동하는 몇몇 친구들이 있었습니다. 그 친구들은 교내 동성의 후배들 사이에서 엄청 인기가 많았습니다. 그렇지만 그 친구들은 지금 자녀를 둔 엄마로서 아주 잘살고 있습니다. 그런 학생들이 비단 제가 다니던 학교에만 있었던 것이 아니라 여느 학교마다 몇 명씩 있었습니다. 그들의 성적 취향이 동성애라고 말할 수 있을까요?

사춘기 때는 성 정체성은 물론 자존감과 성격이 불안정한 시기입니다. 사춘기야말로 인생에서 '공사 중'인 시기입니다. 다른 사람을 존중하는 방법, 내가 가장 좋아하는 일을 찾는 방법, 나 자신을 절제하는 방법, 나와 다른 사람을 포용하는 방법을 배우는 시기입니다. 사춘기에 같은 성의 친구가 좋다고 자신을 동성애자로 생각하는 것은 위험합니다.

---

16. 어릴 때 가깝게 지내던 친구 중에 동성애자로 커밍아웃한 친구가 있습니다. 이 친구를 어떻게 대해야 하나요?

친한 친구가 동성애자라고 밝혔다면 무척 당황스러웠으리라 생각합니다. 이 경우 두 가지를 얘기하고 싶습니다. 첫째, 하나님은 사랑이시므로 우리는 그들을 사랑으로 대해야 합니다. 둘째, 하나님 말씀, 즉 성경에서 뭐라고 하는지 그 기준 위에 올바로 서 있어야 합니다. 하나님은 동성애가 죄라고 하셨는데 우리가 죄가 아니라고 할 수는 없습니다. 따라서 하나님이 동성애를 죄라고 하신 것을 그 사람에게도 말해 줄 수 있어야 합니다. 친구를 정죄하라는 말이 아닙니다. 위 첫째 항목과 둘째 항목이 균형을 이루도록 친구에게 사랑과 포용의 마음을 담아 얘기해야 합니다.

가장 중요한 것은 그 친구를 위해 기도하는 것입니다. 하나님이 그 친구를 하나님의 사람으로 택하셨다면 그를 죄에서 벗어나게 하실 것이기 때문입니다. 친구가 예수님을 인격적으로 만나면 그 안에 있던 어둠이 물러가고 하나님을 기쁘시게 하려고 노력하게 될 것입니다. 종종 탈동성애자들을 만나 간증을 듣습니다. 그들은 자신이 겪은 변화를 자신 있게 증거합니다. 친구의 마음에도 이런 변화가 찾아올 수 있도록 우리가 먼저 사랑을 보여 주고 진리를 선포해야 합니다.

동성애자는 그 행위로 인해 치러야 할 대가가 너무 큽니다. 성병이 가장 큰 대가 중 하나입니다. 친구의 미래가 힘들어지리라는 것을 알면서도 그에게 아무 얘기도 하지 않는다면 그것은 진정한 우정이 아닙니다. 그리고 성경에 우리 몸은 성령의 전(성전)이므로 동성애는 내 몸 안에 죄를 짓는 것이라고 기록되어 있다는 것을, 따라서 우리는 동성애에 동의할 수 없다는 것을 꼭 얘기해 주고 그 친구를 사랑으로 품어야 합니다.

17. 성경은 동성애를 어떻게 말하나요?

하나님이 창조하실 때 모든 동물을 암수 한 쌍으로 만드셨습니다. 그리고 사람도 남자와 여자를 따로 만드셨습니다. 만약 동성애를 하나님이 인정하신다면 처음부터 남자, 여자, 동성애자를 만드셨겠지요. 죄로 말미암아 하나님의 창조 질서를 무너뜨리면서 나온 결과 중 하나가 동성애입니다. "불의한 자가 하나님의 나라를 유업으로 받지 못할 줄을 알지 못하느냐 미혹을 받지 말라 음행하는 자나 우상 숭배하는 자나 간음하는 자나 탐색하는 자나 남색하는 자나 도적이나 탐욕을 부리는 자나 술 취하는 자나 모욕하는 자나 속여 빼앗는 자들은 하나님의 나라를 유업으로 받지 못하리라"(고전 6:9-10)

는 말씀을 보면 하나님 나라에 들어가지 못하는 많은 죄가 나열되어 있습니다. 여기에는 남색하는 자, 즉 동성애자도 포함됩니다. 그만큼 하나님이 동성애를 심각하게 다루시는 것을 볼 수 있습니다. 하지만 이 세상에 하나님이 용서하시지 못할 죄는 없습니다. 누구든지 하나님께 죄를 회개하면 새롭게 회복할 수 있습니다.

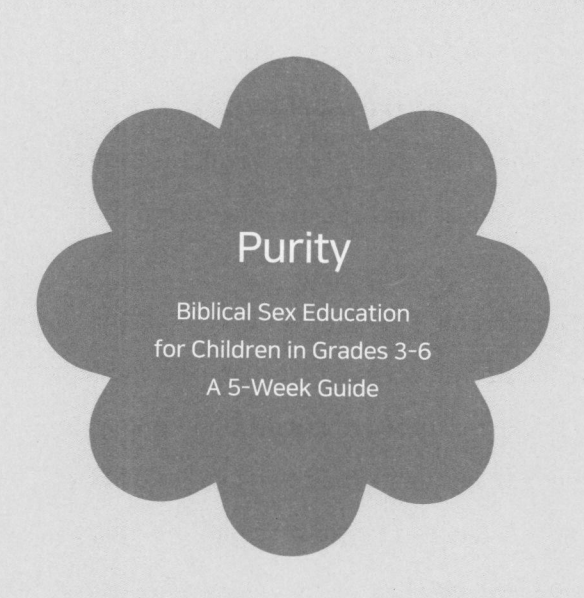

Purity

Biblical Sex Education
for Children in Grades 3-6
A 5-Week Guide

2

If we were to discuss two of the most important things in the Bible, they would be the Crucifixion of Jesus (Redemption) and Creation. Do you see the significance of the order in Biblical creation? When God created the world, He created everything for mankind, with animals coming into existence before man and woman.

Most importantly, through the 'Purity' program, I hope you will come to understand why God created male and female. Genesis 1:28 says, "Be fruitful and multiply." God commanded Adam and Eve to multiply and create their own families that He would bless. He designed Adam and Eve to procreate, bearing children in His image. God took pleasure in the thought of Adam and Eve living joyfully in the world He created for them. They were created to receive God's overflowing love and to delight Him by expressing their love in return. After God created everything, He declared, "It is good!" This affirmation includes all of creation: male and female, as well as the reproductive system, an essential aspect of our bodies.

However, when sin entered the world, the established order of creation was disrupted, and the relationship between God and humanity was severed. Families, too, were marred by sin, resulting in fractured relationships between man and woman. That's why God sent His only Son, Jesus, into the world to pave the way of salvation for us. More than anyone else, God yearns for the restoration of our relationship with Him and the healing of all familial bonds through Jesus.

For children whom the gospel has restored, God issues a command: to live in holiness and purity. As His children, God desires for us to earnestly pursue holiness and purity. Conversely, when we arm ourselves with holiness and purity, Satan has no choice but to fear us. Being a pure bride, clothed in holiness, and living within a restored relationship with God and a healthy marriage, signifies the re-establishment of God's order of creation.

Through PURITY, I pray that you will embrace biblical values wholeheartedly. May you be trained as godly individuals, living in purity, discerning good from evil according to the Word of God, and leading a life that revolves around Scripture, marked by a profound reverence and passionate love for God.

July 2024

Jinah Yi (President of Protect Next Generation)

LESSON ONE:
God Created Male and Female in His Image

When God created the world, He did so with His powerful Word. He said it, and everything came to be – the vast heavens, the deep seas, the shining sun, the glowing moon, the twinkling stars, all kinds of plants, the fish in the oceans, and every animal on the earth. But, when God decided to create humans, He used His Word in a unique way. Instead of just speaking, He also crafted the first man from the earth's dust and breathed life into his nostrils himself. This made people different from animals. We are made in the image of God, which means we are more than just bodies; we are spiritual beings with a special connection to Him.

Because we reflect God's image, we have wonderful abilities that animals do not have. We can think deep thoughts, feel the difference between right and wrong, and make art and music that stir the heart. In our lesson today, we will explore why God used His Word to create men and women with their own special roles and how this leads to the beautiful plan of marriage He has for them.

1. God created male and female in His image, and we are different from animals.

2. God created male and female separately.

3. We are designed to long for a relationship with God and with family.

"So God created mankind in his own image, in the image of God he created them; male and female he created them."

(Genesis 1:27)

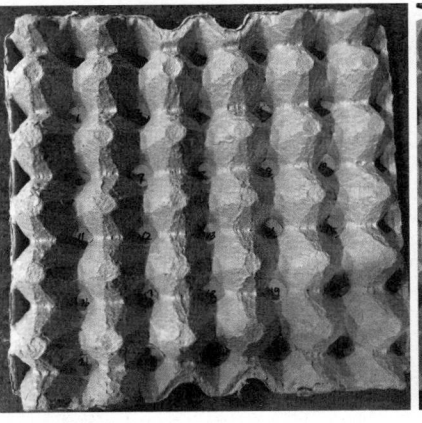

Game Instruction

1. **Prepare the Carton**: Stick the numbers 1 to 22 inside each section of the egg carton.

2. **Gather the Balls**: Find a bowl filled with ping pong balls; each ball has part of a Bible verse written on it.

3. **Form a Line**: Stand in a line with your group members.

4. **Start the Race**: When the signal is given, the first person in each group runs to the bowl and picks one ping pong ball.

5. **Find the Match**: Each ping pong ball will have a word that matches a number in the egg carton. For example, if the ball reads "created" and "created" corresponds to number 3, then place the ball in the section with the sticker number 3.

6. **Complete the Verse**: Work as a team to fill the egg carton with all the balls in the correct order to complete the Bible verse.

7. **Finish and Win**: The first group to correctly arrange the entire memory verse in the carton wins the game!

Game Rule

Correcting Mistakes: If a ball is placed in the wrong section, it's okay! The next player in your group has a chance to move it to the correct spot when it's their turn.

Make sure to encourage teamwork and enjoy memorizing the verse together!

Lecture "God Created Male and Female in His Image"

1. What is the difference between sex and gender?

---

2. God created us in His own image. How are we different from animals?

a) We received the _____ from God (Ecclesiastes 12:7). Animals only have flesh and NO spirit.

b) We can _____ with God (Jeremiah 29:12). We can communicate with God through prayers because we are spiritual beings.

c) We have _____ (Matthew 22:37). We are not robots, so we can choose to love God.

d) We are created for His _____ (Psalm 57:2). We are not living meaningless lives but living with the purpose that God has given us.

e) We are _____ beings (John 3:16). If we believe in Jesus, we will live in Heaven forever.

Small Group Bible Study

✚ Read Genesis 1:24-2:25 for question

1. In verses 26-27, in whose image were we created?

124

2. From verses 28-29, what did God command us to do?

----

3. What is the meaning of the command to "be fruitful and multiply and fill the earth"?

----

4. Who designed marriage? (Genesis 2:18, 24)

----

5. What did God say after He created male and female?

    (Genesis 1:31)

    -

    -

6. What are three reasons why God made us differently as male and female? God made males and females with different reproductive systems. What do you think was His purpose? Read the following Bible verses, and find the answers:

1) _____ (Genesis 1:28)

Be fruitful and increase in number. Genesis 1:28 says, "Be fruitful and multiply." This is a command from God. 'Be fruitful' means to bear fruit, and 'multiply' means to increase gradually. God commanded us to multiply in numbers and create our own families that He will bless. God made men and women so that they may continue to bear children who have the image of God and increase in numbers.

2) _____ (Genesis 2:24-25)

God created humans to have a natural desire for relationships with each other. He designed males to be strongly attracted to females and females to males. Marriage is the only context that God gave us to fulfill that desire. Genesis 2:24 states, "Therefore a man shall leave his father and his mother and hold fast to his wife, and they shall become one flesh." A husband and wife experience intimate unity and this unity helps understand being in unity with God.

3) _____ (Proverbs 5:18-19)

Marriage life is fun. The process of having a baby is fun and enjoyable. The passage above talks about a husband being satisfied by the body of his wife. God has provided many ways for a husband and a wife to live in unity. Through living in one household, men and women are able to communicate and express their love towards each other in different ways. The natural attraction God designed in the hearts of males and females can be fulfilled by marriage.

1. God created man and woman and commanded them to be fruitful and multiply. With sin entering the world, we started to think negatively about marriage and having children. Let us discuss why some people think negatively about marriage and having children.

---

2. As Christians, how should we perceive marriage and pregnancy?

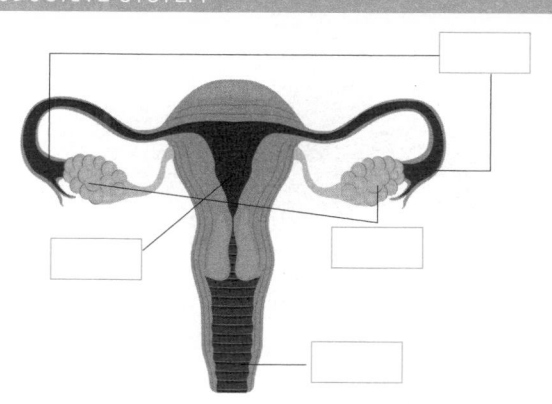

FEMALE REPRODUCTIVE SYSTEM

OVARIES

FALLOPIAN TUBE

UTERUS

VAGINA

God created our body, including the reproductive system. When God made Adam and Even he said "it was very good", this included their reproduction too. Let's learn about the amazing providence of God in regards to our body because it prepares us for new life!

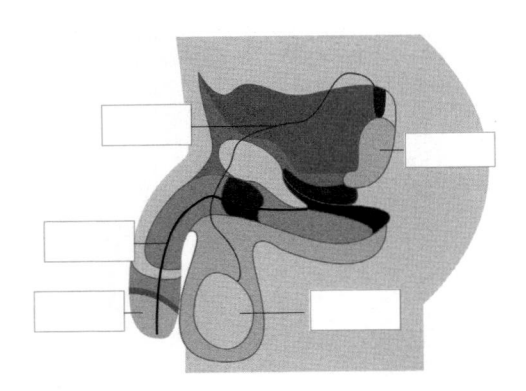

MALE REPRODUCTIVE SYSTEM

**VAS
DEFERENS**

URETHRA

**SEMINAL
VESICLE**

TESTICLES

PENIS

God created our body, including the reproductive system. When God made Adam and Eve he said, "it was very good", this included their reproduction too. Let's learn about the amazing providence of God in regard to our body because it prepares us for new life!

1. What is one new thing you learned about your own body?

- -

2. What does it mean to be created in the image of God?

- -

3. What are the differences between humans and animals?

①

- -

②

- -

③

- -

④

- -

⑤

- -

4. What are three reasons why God made us differently as male and female?

----

5. Remember to watch the movie *Courageous* with your family. Then write your response on the given review sheet and turn it in by NEXT WEEK.

Name: _____   Date: _____

Movie Title: *Courageous*

• **Please watch and discuss this movie with your parents and answer the following questions:**

1. Who did you watch the movie with in your family?

2. What questions did you ask your parents after watching the movie?

3. What message did God give you through the movie?

4. What part of the movie can you apply to yourself today?

5. What was the most memorable scene from the movie?

Note) Watching movies is optional.

LESSON TWO:
We Are Wonderfully Made

God shows us His amazing work through all that we see in nature, including how a baby grows before he/she is born. Life starts right at the beginning, when a baby is just a tiny seed inside its mother—this is called conception, and it happens long before a baby is born. From that very moment, incredible changes and growth begin to happen. Did you know that God was thinking about you even before when you were just starting to grow in your mom's tummy? He already had special thoughts and plans for you. Now, let's discover how much God loves us as we learn about the journey of a baby growing inside its mother.

MAIN TOPICS

1. God made us wonderful by giving us a spirit.

2. God made us so that we can communicate with Him.

3. God planned our future when each of us was a single cell in the womb.

MEMORY VERSE

"I praise you because I am fearfully and wonderfully made; your works are wonderful. I know that full well." (Psalm 139:14)

God made males and females with separate reproductive systems. What do you think was His purpose? What are three reasons why God made us differently as male and female?

1)

2)

3)

Memory Verse Game

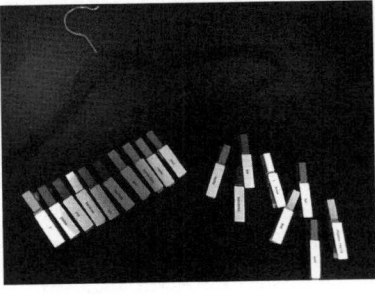 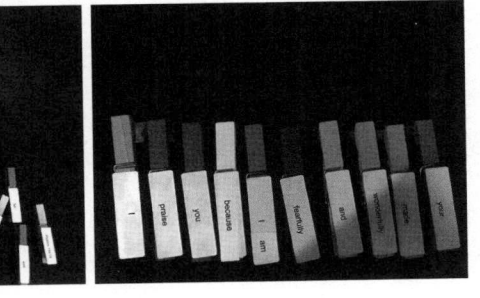

1. Each clothespin will have a word from the memory verse written on it.

2. The group teacher will display the hanger to everyone in the group.

3. Stand in line with your group members. You'll take turns stepping forward to carefully choose one clothespin at a time using only your hands and attach it to the hanger in the correct spot.

4. The first group to correctly arrange all the words of the memory verse on the hanger wins the game!

Lecture "We Are Wonderfully Made"

Note) Touch each of the seeds, vegetables, and fruits that are prepared for the Bible study.

God said He knew Jeremiah even before he was formed in the womb(Jeremiah 1:5). He set him apart to be a prophet to the nations before he came forth from the womb. This means God knew Jeremiah even before his birth. Then how precious does God think of a pre-born baby? John the Baptist, prophesied by the prophet Malachi 400 years before his birth, is another example. God has profound interest and concern for each and every one of us.

<u>Preborn-baby development by week</u>

4th week	The pre-born baby is as small as a _____. At this stage, it is divided into two layers and it is barely visible. However, the development of internal _____ and the determination of which parts will become _____ are underway.
5th week	It becomes the size of a _____. At this point, it is divided into three layers. For instance, one layer includes the liver, bladder, pancreas, and lungs; another layer includes muscles, the heart, kidneys, lymph, and blood. The last layer includes a head, skin, nails, eyes, nose, ears, brain, and more. It is still very tiny but it has all the necessary information and is getting ready to form and develop. An _____ begins to form.
8th week	The pre-born baby becomes the size of a _____. The pre-born baby starts to develop _____ and a system. The hands grow longer to get closer to the _____ and the knees start to develop. If the baby is a boy, his penis will begin to form at around the 9th week.

| 14th week | The pre-born baby becomes the size of a _____. During this stage, _____ start to develop. If the pre-born baby is female, the ovaries with _____ start to form. About _____ eggs get ovulated during a woman's lifetime. The size of the pre-born baby's head is about one-third of its body. |

| 21st week | The pre-born baby becomes the size of a _____. Around the 20th week, the pre-born baby starts to _____, so the pre-born baby can hear when a mom reads books or the Bible and prays. This is around the time that the _____ start to form. |

| 27th week | The pre-born baby becomes the size of a _____. Around this time, the head begins to grow and the pre-born baby starts to breathe through its mouth. It is not actually breathing yet. The pre-born baby breathes through the umbilical cord but it is practicing breathing through the mouth to prepare its _____. So after birth, the pre-born baby is ready to breathe outside the mother's womb. Around this stage, the pre-born baby is sensitive to _____, reacting by kicking and moving. Luke 1:41-43 says when Mary, the mother of Jesus, visited Elizabeth, the mother of John the Baptist, John leaped for joy in Elizabeth's womb upon hearing Mary's greeting. We can see that babies experience emotions, such as joy, and have a sense of his/her will. By the 27th week, the pre-born baby has a routine schedule of sleeping at night and waking up in the morning. |

31st week	The pre-born baby becomes the size of a _____. The pre-born baby can turn his/her head, arms, and legs. Around this time, the pre-born baby has a lot of _____.
35th week	The pre-born baby becomes the size of a _____. Most basic physical development is now almost complete.
40th week	It becomes the size of a _____. The baby's head is covered with hair and the head is positioned _____in preparation for birth. If the baby's head does not position downward, it can pose a significant risk during childbirth. It is a remarkable and wondrous event that the baby knows the birth is coming soon and it changes its body position.

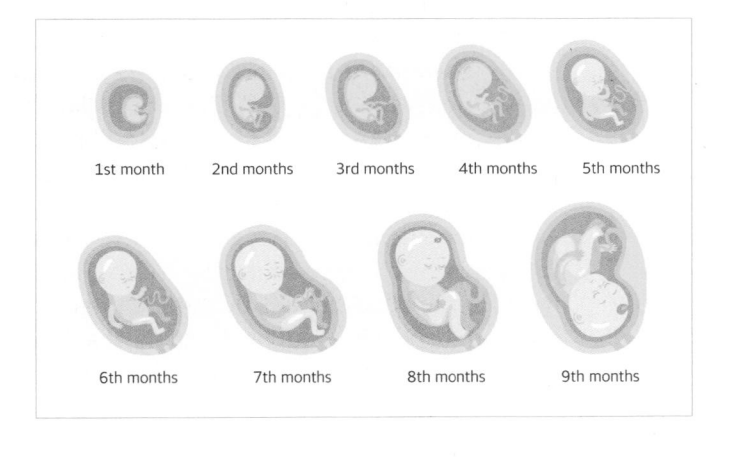

1st month   2nd months   3rd months   4th months   5th months

6th months   7th months   8th months   9th months

1. What is something new that you learned regarding preborn-baby development?

---

2. Do you remember the part of the mother's body in which a preborn-baby develops?

---

3. How many weeks does the baby need to be in the mother's womb to be fully developed?

---

4. How does a baby receive all of his / her food while growing in the womb?

---

5. How does the baby exit the womb?

----

1. Do you think a baby in the womb has a spirit?

"For you created my inmost being; you knit me together in my mother's womb." (Psalm 139:13)

"Before I formed you in the womb I knew you, before you were born I set you apart; I appointed you as a prophet to the nations." (Jeremiah 1:5)

* God knew us even before we were made into an embryo. He knew us from the time we were in the womb and had a wonderful plan for us.

2. If a 3-week-old baby dies in the mother's womb, would the baby go to heaven or hell?(Choose between options 1 and 2)

Option #1 The baby goes to hell because he / she did not repent his / her sins and did not accept Jesus as his / her Savior. (Acts 4:12, 16:30-31, John 14:6)

Salvation is found in no one else, for there is no other name under heaven given to mankind by which we must be saved. (Acts 4:12)

He then brought them out and asked, "Sirs, what must I do to be saved? They replied, "Believe in the Lord Jesus, and you will be saved—you and your household." (Acts 16:30-31)

Jesus answered, "I am the way and the truth and the life. No one comes to the Father except through me." (John14:6)

Option #2 Babies in the womb cannot act or make decisions. They do not have the choice to act. We believe that God would save those babies not by their innocence but by His grace.

And the little ones that you said would be taken captive, your children who do not yet know good from bad—they will enter the land. I will give it to them and they will take possession of it. (Deuteronomy 1:39)

God gave his children the Promised Land, even if they did not know Him, through the covenant of salvation. "Let the little children come to me, and do not hinder them, for the kingdom of God belongs to such as these." (Mark 10:14)

King David, after having lost his infant child, said "He cannot come to me, but I can go to him." (2 Samuel 12:23)

But because of his great love for us, God, who is rich in mercy, made us alive with Christ even when we were dead in transgressions—it is by grace you have been saved.

(Ephesians 2:4-5)

1. Experience Pregnancy

Materials prepared by parents: Place a large fruit that is about the same weight as a newborn baby (ex. watermelon or honeydew melon which represents a full-term baby) and four 500ml water bottles (representing amniotic fluid) inside a backpack. In the backpack, there will be a large fruit and four bottles arranged by your parents; the contents approximate the weight you were at birth. Carry the backpack on your front, as the fruit inside symbolizes a baby—handle it with utmost care. Your task is to safeguard this surrogate baby while engaging in the following activities: For instance, engage in praise and body worship, walk up and down the stairs, lie down on the floor and then rise, tie and untie your shoelaces, repeatedly sit down and stand up, and move a chair from one spot to another.

Write about what you have learned from the "Experience Pregnancy" activity.

2. Pregnancy Symptoms

Pregnancy Symptoms: A Month-by-Month Guide

Reflect on the incredible journey your mom went through during her pregnancy. This table outlines the common symptoms she may have experienced each month, showcasing her strength and perseverance.

PREGNANCY SYMPTOMS

1st month	Fatigue, increased need to urinate, and possibly a mild fever.
2nd month	Feelings of heartburn, indigestion, and breast tenderness.
3rd month	Occasional dizziness, the development of stretch marks, and nausea.
4th month	A noticeable increase in appetite or specific food cravings, along with weight gain.
5th month	Bloating, constipation, and continued changes in appetite.
6th month	Lower back pain and swelling in the hands and

feet as the body adjusts.

7th month   Muscle cramps in the feet and legs.

8th month   Shortness of breath and difficulty finding a comfortable sleeping position.

Remembering these symptoms can help us appreciate the remarkable process of bringing new life into the world and the incredible role mothers play in nurturing that life from the very start.

3. Letter to Parents

Write a special thank-you letter to your mom and dad. Think about all the ways they took care of you before you were born and when you were a baby and tell them how much you appreciate it.

LESSON TWO HOMEWORK QUESTIONS

1. Do you remember the part of the mother's body in which a preborn-baby develops?

2. How many weeks does the baby need to be in the mother's womb to be fully developed?

----

3. How does a baby receive all his/her food while growing in the womb?

----

4. Do babies poop in the womb?

----

5. Do babies pee inside the womb?

----

6. When do babies in the womb develop fingerprints?

----

7. When can a baby hear the voice of the father in the womb?

----

8. Ask your mother what her most difficult pregnancy symptoms were.

----

9. Type "5 Love Language Test" on Google and take the test online. Find out what your own love language is and what your parents' love languages are as well (required for Lesson 3).

5 Love Language Test ▶

10. Remember to watch the movie *Fireproof* with your family. Then write your response on the given review sheet and turn it in by NEXT WEEK.

Family Movie Time

Name: _____   Date: _____

Movie Title: *Fireproof*

• **Please watch and discuss this movie with your parents and answer the following questions:**

1. Who did you watch the movie with in your family?

2. What questions did you ask your parents after watching the movie?

3. What message did God give you through the movie?

4. What part of the movie can you apply to yourself today?

5. What was the most memorable scene from the movie?

Note) Watching movies is optional.

LESSON THREE:
Becoming Godly
Men and Women

From the time we are just a tiny idea before we are born, our bodies keep growing and changing, all the way until we are old. One big time for change is when we start growing up from being a kid to becoming a grown-up, which is called puberty. But growing on the outside is not the only important thing. It's even more special to grow on the inside, learning to be kind, patient, and good, just like God teaches us.

Just like it takes time to grow taller and stronger, becoming a wise and kind person doesn't happen all at once, even when you look like a grown-up. Learning about our bodies, including the changes during growing up, is part of understanding how to care for ourselves and show respect to others, as God teaches us. This learning is a type of training for your heart and mind, helping you to make good choices and grow into a godly man or woman step by step.

MAIN TOPICS

1. Boys and girls will go through a process of physical development during puberty.

2. We need training to become godly men and women.

MEMORY VERSE

Boys: "Be on your guard; stand firm in the faith; be courageous; be strong. Do everything in love." (1 Corinthians 16:13-14)

Girls: "Charm is deceptive, and beauty is fleeting; but a woman who fears the LORD is to be praised." (Proverbs 31:30)

1. Discuss homework for Lesson 2.

2. Go back and try to memorize the verses you learned during lessons 1 and 2.

Memory Verse Game

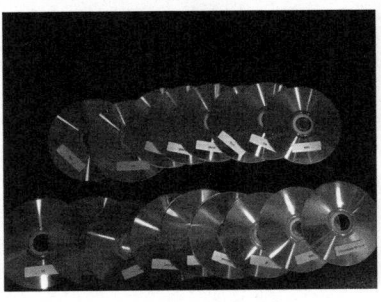

Game Instructions

1. Boys and girls each get their own pile of CDs with memory verses on them.

2. Take turns to pick up a CD and place it on the CD stack in the correct order to build the verse.

3. The first team to stack the CDs so the verse reads right wins the challenge!

4. While we're playing, we'll be learning the Bible verse by heart.

5. The winning team is the one who completes the verse first.

Note) If you want, we can use colored paper plates instead of CDs to stack up the verse!

Who are godly men and women?

The nature of God includes holiness, mercy, love, forgiveness, honesty, wisdom, protection, equality, faithfulness, and countless other qualities. When God, possessing perfect qualities, created man and woman, He did not give them all these attributes. Instead, He distributed masculinity and femininity to men and women, each possessing its own characteristics. When a man and a woman unite, they can experience the completeness of God; however, when sin enters, it damages the image of God in them.

Therefore, through our faith in Jesus Christ, we should gradually learn about the perfect nature of God and go through the process of sanctification. We cannot be completely transformed into perfection because of our sins, but through faith in Jesus, we need to try to resemble the characters of God.

Then what kind of a person is a godly man and a woman? To be such a person, how should you get trained? You don't transform into a godly man or a woman overnight when you turn twenty years old. Even with age and a long history of attending church, you can still become a selfish, arrogant, and immature person. Therefore, training is essential.

God's children need to manage and develop the talents, time, and health given by God so that they can be used for God's purpose. If we live by our own desires, then we cannot be a godly man and a woman. Even though we are Christians, if we lived a life of our own desires, we would face God's judgment for what we did. A woman who meets an untrained man is likely to be unhappy, and likewise, a man who meets an untrained woman is also likely to be unhappy.

Physical Development During Puberty (Boys)

- Boys typically begin puberty around the ages of 12 to 13, reaching its peak between 14 to 16 years old, and concluding by the ages of 17 to 19.

- The surge of the male hormone called _____ is responsible for the physical changes during puberty in boys.

INCREASED HAIR	• Protection from _____ and_____ • Protection from dirt, pollen, and _____ • Control of body _____
BIGGER BODY	• Broadening of _____ • _____ development • Increase in height • Increase in _____ • Facial growth – chin, jaw, nose, brow • Different changes and timing per individual due to different genes Tip: Eat healthy and exercise. Wash your body regularly (shower daily).
DEEPER VOICE	• Deepening of _____ • Cracking of voice for the first 2 to 3 years of puberty • Thicker and longer larynx Tip: Avoid straining your voice.

GENERAL CHANGES

- Acne: the occurrence of _____ or infected sebaceous glands in the skin (a.k.a. blackheads, whiteheads, cysts, pimples, zits)
- Cause: hormones, carbohydrate-rich food (bread, rice, bagels, chips, chocolate, medication, stress.)
- Attitude: mental and emotional maturation into adulthood
- Changes in the brain can cause confusion and frustration.
- Negative attitude may show through psychological and social development.
- Active or passive rebellious behavior may take place.
- Temptation may be there to test boundaries of rules and social norms.
- You may think that rebelling against your parents during this time is acceptable because you are going through puberty, but your actions cannot be justified before God. It is still considered sin, so you must use the fruit of the Holy Spirit, self-control.

- Girls generally enter puberty around the ages of 10 to 12, reaching its peak between 13 to 15, and typically completing puberty by the ages of 17 to 18.

- The surge of the female hormone called _____ is responsible for girls' physical changes during puberty.

INCREASED HAIR	• Vellus hair - fine hair (covering most of the body in both men and women) • Terminal hair - pubic region and armpits • Purpose: repel moisture from the body, reduce _____, control body _____. Pubic hair protects skin from _____, helps skin abrasion, and is a sign of maturity.
ROUNDED BODY	• Body releases hormones and notifies ovaries to produce _____. • Hip bones widen, body becomes curvier, and body fat Increases. • Girls are supposed to have more body fat than boys, so they should not diet. • A certain amount of body fat is needed for reproduction and menstruation.

DEVELOPED BREASTS	• Breasts develop and become larger. Breasts will become active again after pregnancy in order to produce milk. • The breast size varies by genes, so variation is normal.
MENS-TRUATION	• Uterus prepares for the baby but sheds the uterine lining if there is no sperm to fertilize the egg. The uterine lining sheds in the form of very clean blood. • This process takes place every _____ days. • Purchase the appropriate size and thickness of pads and change them every 3-4 hours. • Period calendar apps are available. • Symptoms of PMS (pre-menstrual syndrome) include _____ bloating, weight gain, irritability/depression.

The 5 Love Languages

* This content is created based on Gary Chapman's *The Five Love Languages*.

5 Love
Language
Test ▶

Speaking the Language of Love

Think about when you draw a picture or give a hug to show someone you care. We all have special ways to show love, like sharing kind words, spending time together, giving little gifts, helping others, or giving hugs and high-fives. These are like love languages - special ways we let others know we love them.

When you are friends with someone or in a family, it's good to learn what makes the other person feel loved. Maybe your friend feels happy when you share your toys, or your mom feels loved when you help clean up. If you only show love the way you like, they might not feel as special because everyone likes different love languages. Gary Chapman wrote a book about these love languages. He says there are five of them: saying nice things (Words of Affirmation), hanging out together (Quality Time), getting gifts (Receiving Gifts), doing nice things for others (Acts of Service), or hugs and handshakes (Physical Touch). No one way of showing love is better than another. It's like choosing your favorite ice cream flavor - everyone has their own favorite! It's important to learn what love languages your friends and family like best. When you know and use their love languages, everyone gets along better, just like playing a game where everyone knows the rules. It's not just for kids; moms, dads, and even grandparents feel happier when we speak their love language. So next time, try to show love in a way that your friend or family likes, and you'll see how much it can help everyone feel great!

※ Let's explore the five types of love languages and share our own love language. Discuss with your groups what you usually enjoy and the behaviors you appreciate.

What are the 5 love languages?

1. _____ - give or receive compliments or words of encouragement
2. _____ - spend time together
3. _____ - give or receive any gift
4. _____ - serve or be served
5. _____ - shake hands, hug

1. Quality Time

- Taking a break from routine tasks to spend time with that person.

- Trying activities together, like baking bread.

- Turning off the TV and engaging in board games or meaningful conversations.

- Going on a family trip together.

2. Gift Giving

- Focusing more on the thought behind the gift rather than how expensive the gift is.

- Rather than giving lots of gifts, choosing heartfelt and meaningful gifts.

3. Acts of Service

- Cooking a meal for them.

- Creating a handmade birthday gift.

- Giving a massage, showing dedication through actions.

4. Physical Touch

- Hugging, shaking hands, giving a high-five, holding hands, and praying together.

- Emphasizing that while physical touch is a love language, crossing boundaries is not an expression of love but a violation of boundaries.

5. Words of Affirmation

- Expressing love with words such as "I love you," "Thank you," "I like you," "Well done," and "You're the best."
- Avoid interrupting during conversations.
- Writing notes of gratitude on Post-its.

note) Love languages are not only for boyfriends and girlfriends. You can learn the love languages of your family members. Sometimes, your parents show you love in their own love language, but you may not realize it if yours is different from theirs.

Applying the Love Languages

1. Which two ways do you like to show and feel love the most?

2. Can you guess which two things make your mom feel the most loved?

----

3. Can you guess which two things make your dad feel the most loved?

----

4. Think about what makes your parents feel the most loved. What are some things that you can do to show your love to your mom and dad in the way they like best?

----

5. Can you remember a time when you felt a little sad or alone because it seemed like your mom or dad didn't understand the kind of hug or words you needed? You learned that

everyone shows love in different ways, and sometimes we might not recognize it when it's not in the way we expect. Can you think of a time like that, and what could have made it better?

----

1. Training to Become A Godly Man

① Training for _____

Bible Reference

It is God's will that you should be _____: that you should avoid _____; that each of you should learn to control your own body in a way that is holy and honorable, not in passionate lust like the pagans, who do not know God; and that in this matter no one should wrong or take advantage of a brother or sister. The Lord will punish all those who commit such sins, as we told you and warned you before. For God did not call us to be impure, but to live a holy life. (1 Thessalonians 4:3-7)

Training

You are called to be sons of God; therefore, should not live in _____. Live a life that has a purpose by training for _____, which makes us powerful.

② Training of the _____

Bible Reference

Above all else, guard your _____, for everything you do flows from it. (Proverbs 4:23)

Do not conform to the pattern of this world, but be transformed by the renewing of your _____. Then you will be able to test and approve what God's will is—his good, pleasing and perfect will. (Romans 12:2)

Training

What we _____ influences our _____, language, behavior, and character. Satan understands that to control our hearts, he needs to control what we see and hear.

③ Training Ourselves with the _____

Bible Reference

How can a young person stay on the path of _____? By living according to _____. I seek you with all my heart; do not let me stray from _____. I have hidden your word in my heart that I might not sin against you." (Psalm 119:9-11)

_____ is a lamp for my feet, a light on my path. (Psalm 119:105)

Training

The best way to live according to God's will is to engrave _____ in our hearts. With our sinful thoughts and knowledge, we cannot understand God's will. Therefore, when His word becomes a lamp for our feet, guiding us step by step, we gain the ability to _____ temptation and resist sin.

④ Training to have _____

Search me, O God, and know my heart! Try me and know

my _____! (Psalm 139:23)

The Lord detests lying lips, but he delights in people who

are _____. (Proverbs 12:22)

Training

In order to confess before God, you must be _____. As a faithful

Christian, you must be trustworthy to God and others. To do so,

you must train yourself to tell the truth.

⑤ Training of _____

Bible Reference

Or take ships as an example. Although they are so large and

are driven by strong winds, they are steered by a very small

rudder wherever the pilot wants to go. Likewise, _____ is

a small part of the body, but it makes great boasts. Consider

what a great forest is set on fire by a small spark. _____ also is a fire, a world of _____ among the parts of the body. It corrupts the whole body, sets the whole course of one's life on fire, and is itself set on fire by hell. (James 3:4-6)

Out of the same _____ come praise and cursing. My brothers and sisters, this should not be. (James 3:10)

Let no _____ come out of your mouths, but only such as is good for building up, as fits the occasion, that it may give grace to those who hear. (Ephesians 4:29)

Training

A man of God should be able to control _____ and use language that will please God. Through your everyday language, you can show your faith.

2. Training to Become A Godly Woman

① Training to Seek _____

Bible Reference

But seek first the _____ of God and his _____ , and all these things will be added to you. (Matthew 6:33-34)

Training

Even if you meet Prince Charming, it is impossible for him to satisfy your desires completely. Only God can fulfill the desires in your heart. _____ should always come _____!

② Training to Speak _____

Bible Reference

The heart of the _____ makes his speech _____ and adds persuasiveness to his lips. (Proverbs 16:23)

Words from the mouth of the _____ are _____ , but fools are consumed by their own lips. (Ecclesiastes 10:12)

When you are either dating or married, _____ is the most important key. A couple that communicates well experiences happiness together. _____ are essential for effective communication.

③ Training to Show _____

Charm is deceitful, and beauty is vain, but a woman who _____ the LORD is to be praised (Proverbs 31:30)

Likewise, also that women should adorn themselves in respectable apparel, with modesty and self-control, not with braided hair and gold or pearls or costly attire, but with what is proper for women who profess godliness - with _____.

(1 Timothy 2:9-10)

True beauty is not determined by physical appearance but by the _____ you have in _____.

④ Training to Stay _____

Bible Reference

_____ yourselves before the Lord, and he will lift you up.

(James 4:10)

For all those who exalt themselves will be humbled, and those who _____ themselves will be exalted. (Luke 14:11)

Training

Be aware of those who are selfish. God uses the ones who are _____.

⑤ Training to _____ the LORD

Bible Reference

For am I now seeking the approval of man, or of _____ ? Or am I trying to please man? If I were still trying to please man, I would not be a servant of Christ." (Galatians 1:10)

Training

A person who _____ with sincerity is truly a beautiful woman of faith.

※ Write down what you learned from this activity.

_____

_____

_____

_____

_____

_____

_____

_____

_____

_____

_____

1. When you think about changes in your body, what are you most afraid of and why?

----

2. List the five steps in training to be a godly man.

1)

2)

3)

4)

5)

3. List the five steps in training to be a godly woman.

1)

2)

3)

4)

5)

4. From those five characteristics listed above, which areas do you feel you need more training on? Please write two and explain.

---

5. Remember to watch the movie *Facing the Giants* with your family. Write your response on the given review sheet and turn it in by NEXT WEEK.

Family Movie Time

Name: _____   Date: _____

Movie Title: *Facing the Giants*

- **Please watch and discuss this movie with your parents and answer the following questions:**

1. Who did you watch the movie with in your family?

2. What questions did you ask your parents after watching the movie?

3. What message did God give you through the movie?

4. What part of the movie can you apply to yourself today?

5. What was the most memorable scene from the movie?

Note) Watching movies is optional.

LESSON FOUR:
Dating to Please God and Find True Love

Boys and girls sometimes notice they are different, and that's how God made us. The Bible doesn't talk about dating like we know it, but it does say that God cares a lot about who we are on the inside. When you grow up and start thinking about dating, remember it's a time to learn about respect, kindness, and becoming a better person.

Being close to God and growing up to be a mature person is a good goal. When you start to date, it's important to remember to treat each other with respect and to know what is okay and not okay in a relationship.

The Bible teaches us that we should respect our bodies, like a temple for God, and we should take care of them because Jesus loves us so much. Remembering this helps us make good choices, even when we are young and later when we are teenagers.

MAIN TOPICS

1. Christian Dating.

2. Understanding Boundaries in Dating.

3. Biblical Understanding of Purity.

MEMORY VERSE

"Don't let anyone look down on you because you are young, but set an example for the believers in speech, in conduct, in love, in faith and in purity." (1 Timothy 4:12)

1. Discuss homework for Lesson 3.

2. Review memory verses from Lessons 1 to 3.

Memory Verse Game

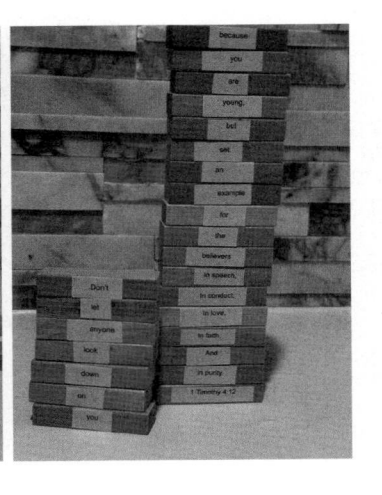

Game Instructions:

1. Jenga will be prepared with the words from the memory verse.

2. Form a line with the members of your group.

3. You will come forward and pick up one Jenga piece at a time.

   (if you memorized the Bible verse, you can pick the right word Jenga while you are playing

   the game)

4. Place it on the table in order.

5. The group that first arranges the memory verse in the correct

   order wins the game.

Game Rules:

1. If the Jenga tower collapses at any point, you must rebuild it

   before continuing.

2. Each group can decide whether to stack the blocks upwards

   or arrange them horizontally.

Note) Recite 1 Timothy 4:12. What is the meaning of "an example for the
believers"? As Christians, we must be an example spiritually and physically
because we must be set apart from the world. We must be especially
careful in our words, actions, and thoughts so that we can live in purity.

Christian Dating

Men and women were created differently so being attracted to each other is natural. However, the Bible does not provide guidelines on when it is appropriate to hold hands or when to kiss during a date. God emphasizes that who we become is more important than what we do. In this context, dating should be a process of becoming a better person. If you are becoming more mature, and your faith is growing stronger, then you are dating in the right way.

Dating is not just about getting to know each other casually but it is a process of observing the other person with marriage in mind. There is nothing better than having the same love and care while dating to continue after marriage, but in many cases, that is not the reality. Relying solely on the intense emotions of your partner can lead to the qualities you once admired into drawbacks in marriage. This often results in cases that eventually lead to divorce. Therefore, dating should be approached very carefully.

Intimate dating with the premise of marriage (dating within

a romantic relationship) can begin when you become financially independent from your parents. This is because the purpose of dating in a romantic relationship is to prepare for a successful marriage. Are you able to support yourself without financial assistance from your parents? Can you take responsibility for your actions? Are you prepared to take care of and raise a child when married? Both emotional and financial readiness are necessary before getting involved in romantic dating with the intention of marriage.

Before making such preparations, casual dating (group dates) is sufficient. Spending time with many friends in a group gives enough opportunity to get to know the person. Casual dating involves mutual interest and liking, but it prioritizes building friendships as close friends. Instead of having exclusive one-on-one time, it involves meeting in groups to understand each other without having physical contact.

Some argue against dating in romantic relationships and suggest meeting only one person before marriage. They claim that dating has no benefits and can hurt each other emotionally. However, this perspective seems extreme. How can you meet only one person and get married? This scenario is feasible for only a small percentage of people. Recognizing your lifetime partner at first sight can be challenging. If dating can positively influence each other, it can be a mutually beneficial experience rather than one that inflicts emotional wounds. Healthy dating involves mutual consideration, respect for each other's boundaries, learning from one another, and drawing closer to God. Casual dating provides a great opportunity to learn about each other. When sharing friendships with many people, church can be a great place to search for the kind of person that may suit you. Some friends may be decisive, some may be spiritual, and others may be considerate, each having their own appealing personality. By going to the movies and attending retreats with these friends, you can discover your preferences. You can discover more about your preferences, gradually narrowing down your choices.

In that sense, cultivating relationships in a friendship is desirable. It is important to observe many people and develop the ability to discern character before dating. Once you are married, it is not easily reversible. Therefore, it is crucial to understand your preferences before marriage and know the characteristics you tend to get attracted to. Then you can start praying early to meet someone with such characteristics.

When you are casually dating, it allows you to discover your own shortcomings. For example, if there is a disagreement and you tend to stop talking and completely cut off communication with the other person for days, or if the other person has such a tendency, it becomes an opportunity to learn how to address and resolve such issues.

Experiencing more friendships without physical contact provides many opportunities for prayer and leads to desirable outcomes when both individuals are ready to start dating. In romantic relationships and dating, it is important to learn self-control as to not cross boundaries and exercise self-restraint, even though you have affection. It is advisable not to meet someone from the beginning if they demand a level of physical intimacy that you are uncomfortable with just because they like you. They are likely to turn into risky dates. A healthy relationship involves respecting the boundaries mutually agreed upon and making efforts to keep them, leading to a mutually beneficial relationship.

✝ Christian Dating Checklist

☐ Seek the kingdom of God first. (Matthew 6:33)

☐ Date a Christian. (2 Corinthians 6:14)

☐ Guard your heart. (Proverbs 4:23)

☐ Check your heart to see if you're dating on impulse.

☐ Seek advice from your parents.

☐ Examine whether the people around you bless and support the relationship or express concerns.

☐ Try to enjoy double dating. This will give you opportunities to see how the person treats others.

☐ Talk to your date about the boundaries that must be observed during dates. (1 Thessalonians 4:3-5)

☐ Do God's work together. Then you can know the other person better.

☐ When you respect each other, it is real love. Practice respecting each other. If you cannot respect each other while dating, it is impossible to do so in marriage.

☐ When dating, pray together that you wear the armor of God. (Ephesians 6:10-20).

☐ When you are dating someone, you must always check that you are getting close to God and not getting farther away from Him.

Note) It is very normal to like someone, but you must think about it very seriously before you commit to dating. When dating, you must look at the list of guidelines and determine if it is true love.

"Boundary" Activity

Write down what you learned from this activity.

Group Discussion "Make plans for a future date"

1. If you go on a date, at what age would you like to start dating in a romantic relationship?

----

2. If you start dating, how would you set boundaries? (Be specific, such as when to hold hands, when to hug, etc.)

----

3. If you were in a romantic relationship but ended up breaking up, how should you maintain boundaries to be able to greet each other when you meet again in the future?

Think & Share "True Love"

1. What does the Bible say about true love?

   Read 1 Corinthians 13:4-7

----

2. When should I say "I love you" to my boyfriend/girlfriend?

----

3. When do we know if we are ready to love somebody?

----

4. Why do we need boundaries when we date?

----

5. What do you think is the physical limit in dating?

----

6. What is purity?

----

7. Since we know that we are purchased with the blood of Jesus, how should we treat our bodies?

- Praying for the person you will marry one day is a special thing to do, even when you're young. Just like a garden need to be taken care of every day to help the flowers grow, our hearts need to be taken care of too, so we can be the best we can be for someone else in the future. God is already helping the person you will marry one day to grow up just right for you. Now, let's try writing a little prayer asking God to help both you and your future husband or wife to be ready for a happy life together.

1 _____

2 _____

3 _____

4 _____

5 _____

6 _____

7 _____

8 _____

9 _____

10 _____

1. Remember to watch the movie *God's Not Dead 1* (2014) with your family. Write your response on the given review sheet.

Family Movie Time

Name: _____   Date: _____

Movie Title: *God's Not Dead 1 (2014)*

• Please watch and discuss this movie with your parents and answer the following questions:

1. Who did you watch the movie with in your family?

2. What questions did you ask your parents after watching the movie?

3. What message did God give you through the movie?

4. What part of the movie can you apply to yourself today?

5. What was the most memorable scene from the movie?

Note) Watching movies is optional.

LESSON FIVE:
Purity Ceremony

The purity ceremony is a time to pledge to God, based on what has been learned, to uphold spiritual purity as the bride of Jesus. It is also a commitment before God, parents, and friends to maintain both mental and physical purity for the sake of future spouses. For parents, it is a time to acknowledge that their children are God's children before being their own, vowing to raise them according to the purpose for which God has given them. It is a commitment to be a spiritual role model as parents, consistently meditating on and obeying God's word, teaching what it means to live a life that pleases God without compromising with the world and training them to discern what aligns with God's will.

Above all, it is a time of confession, acknowledging that all these things can only be done with the wisdom and faith. Students participating in the covenant ceremony are pledging to seek wisdom and advice from family and friends to lead a pure life. Recognizing their own weaknesses as sinners, they commit to always be armed with the full armor of God, seeking His help to resist temptations. It is a time to express gratitude to God for providing the best and perfect gift as seen in the purity ring on their hands, and to make a commitment to maintain spiritual, mental, and physical purity. It is a pledge to live a life of influence as children of God, impacting the world through a pure life.

Let's write 10 promises to yourself from what you have learned through Purity program in 4 weeks. It is important to keep the promise not only with yourself but also with God. Stand firm and conquer this battle and remind yourself these promises when you are faced with worldly temptations.

1

2

3

4

5

6

7

8

9

10

Student Vow

On this day, _____ (date) of _____ (year),
I make this promise before God, family, friends,
and spiritual leaders to live a life of purity as God intended.
I know that I am created in His image for His will.
I will do my best to obey God by maintaining my purity.
I ask for prayer and guidance from my family and friends.
so that I may uphold this important promise I make tonight.
This ring is a symbol of my commitment
to wait for the best that God has for me.
I will wear this ring with faith and hope to live a life that
honors God.
May He give me the strength to live a life of purity and
bring honor and glory to Him.

Date: _____

Signature: _____

Q & A

Relationships · Dating · Marriage and Divorce

1. I am a boy in fourth grade. Sometimes when I see girl in my class, my heart flutters, and I blush when I think about her. What does true love feel like? How do you know it is true love?

God created us to long for a relationship from birth, first to fulfill our spiritual hunger for a relationship with Him, and then to be attracted to another person, a man and a woman. When can you start dating? You can start dating when you become a mature man or woman who can be responsible for each other because the purpose of dating is to prepare for a happy marriage.

Liking someone and loving someone are two different things. To like someone is to have feelings with conditions, while love is unconditional. Love is something beautiful, but I want to strongly emphasize that it is not something that you feel. Let us examine what the Bible tells us about love.

In 1 Corinthians 13, it explains what love is, but it does not state anywhere that love is a feeling; instead, it says that love is something that we do with our own will. It states, "Love is patient and kind; love does not envy or boast⋯" Media teaches us that love is a feeling, which causes confusion from a very early age. Our feelings easily change. We say, "I love you" at moments when things seem to be going our way, but when it doesn't, "I don't love you anymore" comes out without hesitation. It is even worse when a person is going through puberty because their moods swing as they are affected by hormonal changes. When someone says that they love you, how can you trust them? I think it depends on your will. I have been married for about 25 years; I believe that I love my husband more now than I did before. If you strongly believe that God chose your husband or wife, you should love them with all your heart. Because we are sinners, the more you know about them, the more disappointed you may be. This is the reason why love is patient and kind; love does not envy or boast.

2. When is it okay to start dating?

Dating is something that grown-ups do when they're ready to find someone to love and marry. It's a big responsibility and it's something you should only do when you're older - like when you have a job, can take care of yourself, and are mature enough to handle a special relationship with someone else. It's not just about having fun; it's about getting to know someone who might become a very important part of your life.

You can start dating when you are financially independent, mature enough to date, have good self-control, and are at an age when you can take responsibility for everything that happens between you and the other person. When you are financially, mentally, and socially ready, it is a good time to start dating. The purpose of dating is to find the right person to get married. Before that, I recommend friendship dating. Rather than just the two of you, I highly recommend meeting together as a group.

It would be best if you were to date and marry only one person, but if you're in a relationship that doesn't match your personality, at the end you're going to break up and will have to meet another person. So, you should always keep your boundaries, so you don't hurt each other.

3. I'm a 10-year-old boy, and I liked a girl for a while, but now I have feelings for another girl. Is that weird?

It's great that you're curious about this! What you're feeling is actually very common and not strange at all. You see, there's a big difference between "liking" someone and "love," which is something deeper and happens when you're much older. Right now, you're growing up, and it's natural for your feelings to change quickly - that's just part of being a kid!

When you like someone, it might feel special, but remember, it's okay for those feelings to change. It's important to think about how the other person might feel too. If you tell a girl you like her, she might start thinking about being good friends with you or even start liking you back. So, if your feelings change the next day, it could be confusing and might even hurt her feelings.

Instead of rushing to tell someone you like them, why not get to know them better? You can do this by being friends and hanging out in groups. This way, you can learn about what you like in people and what makes a good friend. Enjoy being young and getting to know lots of different friends. There's plenty of time for the love stuff when you're older!

4. My parents aren't together anymore, and sometimes I worry that if I get married when I grow up, I might get divorced too. Maybe it's better not to get married at all?

I want to share something important with you: marriage, like many things in life, can be tough. It's hard to understand exactly why some parents don't stay together, and it can be really sad. I know what it's like because my parents divorced too. For a long time, even as I became a grown-up, I thought maybe I should just stay single. I used to think that if love didn't last for my parents, maybe it wouldn't last for anyone.

But here's what I learned: everyone's story is different, and just because something happened in your family, it doesn't mean it will happen to you. God has a special plan for each of us. When I met the person who would become my husband, I discovered that together, we could do great things and serve God in special ways. We worked hard to build trust and respect, and we made a happy life together. I learned how to create a joyful home, something I really wanted for my future family.

Even though your parents' marriage ended, it's an opportunity to learn and grow. With God at the center of your life and future relationships, you have the chance to build a loving and strong family. Remember, every family can be different, and with faith and love, you can hope for a bright future.

Baby · Pro—life

5. I'm about to become a big brother! Not too long ago, I got to hear my baby brother's heartbeat right from inside my mom's belly. It was the coolest drumbeat ever! But it made me wonder, how does a baby actually get here into the world?

God's design is awesome, especially when it comes to how babies are born. Imagine this: if babies came out from where our pee and poop come from, it could be really messy and not too good for the baby or mom. But God thought of everything! When it's time for the baby to be born, mom's body sends out a signal called contractions. It's kind of like an alarm clock telling everyone, "Hey, baby's coming soon!"

Usually, moms will feel these signals for quite a while - it can take many hours, like a whole day at school or even longer. These contractions help her body get ready to bring the baby out into the world. Moms have a special part called the cervix, and it has to open up wide like a door so the baby can come through. It's a tough job, and it can hurt, but it's also pretty amazing.

When everything's open wide enough, the baby starts to move out, usually head first, passing through a special place called the vagina. It's a snug fit, and the baby even gets a little bathed in helpful germs that are super good for it, helping it grow strong and healthy.

Sometimes, though, babies need a little extra help to be born safely. If the doctors think it's the best choice, they might do an operation called a C-section. They carefully make a small cut to help the baby come out without having to travel through the birth door. It's one more way that doctors and God make sure the baby arrives safely into the world.

Isn't it just wild and wonderful how a new life starts? It's a big deal, and it's something to be really excited about!

6. How are babies made?

Do you know how in the very beginning, when everything started, God made the whole world with all the animals and people? He made them in pairs, like puzzle pieces that fit together - there were boy animals and girl ones. When they get close, they can make baby animals, which is pretty cool, right?

And then there was Adam, the first man. God thought Adam needed a friend, so He made Eve, a perfect buddy for him. God planned it so that when two people, a man and a woman, care about each other a whole bunch, they can come together in a special hug and possibly start a new life. It's like a big love that can turn into a little person.

God gave them a super important job: to fill the world with more people. And when He looked at them, with the ability to make more little humans, He was really happy about it. It's important to remember that making a baby is a big deal and a huge gift from God. We might think we're doing all the work, but it's actually God who decides to send a new little baby for families to love. That's why every single person, big or small, is super special.

Sex · Male and Female Reproductive System

---

7. Why do women have periods and why can it hurt?

Do you know why women and girls have something called a period every month? It's a natural thing God designed for their bodies. When a girl becomes a woman, usually between 11 and 14 years old, her body starts getting ready for the amazing possibility of one day having a baby. Each month, her body prepares a special lining inside the uterus, which is a warm, soft place where a baby can grow.

If the woman doesn't have a baby that month, her body doesn't need the lining anymore, so it comes out as blood. This might sound a little surprising, but it's actually very clean and important blood, and it's nothing to be scared or ashamed of. This process usually lasts about four to seven days and can happen in different patterns, especially when it first begins.

Sometimes, girls might feel a bit uncomfortable or have strong feelings before their period starts. This is called PMS, and it's because their bodies are experiencing lots of changes. They might feel moody, anxious, or get headaches. Eating healthy things like fruits and veggies and getting enough sleep can make these days easier.

Remember, even when things feel tough, God wants us to treat each other kindly. So if a girl is feeling cranky before her period, it's a good time to practice patience and love, just like Jesus teaches us.

8. Is it wrong to think about sex and my body parts?

It's perfectly normal to notice your body and feel new things as you grow up. God has made us with bodies that can do amazing things, including creating life when a man and a woman come together in marriage. As you get older, your body starts to change, and it's okay to have questions about these changes.

Sometimes, these changes can make you think a lot about your body parts, including your private parts, which are called genitals. It's very important to know that these parts of your body are special and private. God wants us to use them in the right way, which is to wait until we're grown up and married to fully understand and use them to create life.

If you find yourself curious about bodies or sex, it's a sign that you're growing up, but it's also a time to be careful. Looking at things like pornography can be harmful and shock you with things you're not ready to see or understand. It can also lead to wrong actions like masturbation, which doesn't honor God's plan for our bodies.

Remember, our bodies are precious gifts from God, and He asks us to control our actions and thoughts. Keeping active with sports or other exercises is a great way to stay healthy and focus your energy. Having a hobby can also help keep your mind busy with good and interesting things.

And remember, your private parts are just that—private. They are an important part of your body that God has made for creating life in the right time. It's never okay for someone to show their private parts in public or for someone to touch you in a way that feels wrong. If anything like that ever happens, you should tell your parents or a trusted adult right away.

---

9. Should I talk to my parents about sex? My friends and the internet seem to know a lot.

Imagine if you had a really tricky puzzle. You could try to solve it with friends or look for hints online, but sometimes you might find the wrong pieces that don't fit. When it comes to learning about sex, it's like that tricky puzzle. There are many confusing things on the internet and YouTube, and not everything you hear from friends is right. Some stuff, like pornography, can show very wrong and harmful ideas about what sex is. That's why it's not the best place to learn about these important things.

God gave you your parents to help guide you and teach you the right things, even about sex. They're like the puzzle experts because they care about you and want to help you understand things in the right way. Remember, you're here because of them! If talking to your parents feels strange, you could also read good Christian books that explain these topics in a safe and truthful way.

It's okay if your parents might not have all the answers right away or if it's new for them to talk about sex with you. They're learning too! But it's better to ask them and get the right information than to guess and maybe get it wrong. They love you and want to help you grow up with the right knowledge about these important parts of life.

---

10. As a sixth grader learning about the Law of Moses, I've encountered the concept of circumcision and am curious if it's still required for Christians since I haven't been circumcised. Some of my friends have been. Should I be circumcised, and if so, why?

Circumcision, the removal of the foreskin from the male genitalia, was indeed a physical sign of the covenant between God and Abraham's descendants, as described in the Old Testament.

During that period, it was a mandatory practice for Jewish boys, signifying their inclusion in God's chosen people.

However, the advent of Jesus Christ transformed many aspects of religious practice. With His teachings and sacrifice, the strictures of the Old Testament, including the requirement for physical circumcision, were superseded. Christians believe that faith in Jesus and His redemptive work on the cross is what now connects us to God, not adherence to the Old Law. Galatians 5:1-6 and Colossians 2:8-12 illustrate this shift from a physical to a spiritual covenant, emphasizing faith and the "circumcision of the heart" that Apostle Paul speaks of in Romans 2:29.

In contemporary society, the decision to undergo circumcision often depends on medical advice, parental choice, or cultural norms rather than religious directives. While some studies suggest potential health benefits, such as a reduced risk of urinary tract infections in circumcised infants, these findings are not universally accepted and the procedure's necessity is debated.

Therefore, as a Christian, circumcision is no longer a religious requirement. It's a personal decision that you and your parents might consider in consultation with a healthcare professional, taking into account medical, cultural, and individual factors rather than religious obligation.

11. Why do I see so many pretty people, and I wish I could look just like them? Does the Bible say anything about wanting to change how you look?

The Bible doesn't specifically talk about changing our looks with surgery, but it does tell us something really important about beauty. Proverbs 31:30 says, "Charm is deceptive, and beauty is fleeting; but a woman who fears the LORD is to be praised." This means that looking nice on the outside isn't what's most important because outer beauty changes and doesn't last forever.

Sometimes, we might see people and think they aren't the prettiest or the most handsome at first. But when we get to know them, we see their kindness, their laughter, and how much they love God and others. These things make them truly special and attractive in a different way.

If you ever think about changing your appearance, it's a good idea to talk to God about it in your prayers. It's okay to want to look nice, but changing our looks just to make ourselves happy might not really work. Everyone gets older, and our bodies change, that's just part of life! Instead, if we focus on being kind, loving, and good

- like Jesus teaches us - that's a beauty that never fades. That's the beauty God gives us, and it's the kind that really matters.

12. Does being popular mean you'll have a happy marriage when you grow up?

Being popular at school can be nice, but it doesn't always mean someone will have a happy marriage later on. What makes a truly happy life can be different for Christians compared to what other people might think. It's not just about having nice things like a big house or a cool car. There are people with lots of money and fame who aren't really happy.

True happiness comes from knowing and loving God. If someone learns to enjoy a close relationship with God when they're young, and finds joy in friendships, they're off to a good start. Being married or having a boyfriend or girlfriend doesn't mean you'll never feel lonely. Being truly happy starts with feeling content and joyful with God first.

When you're happy on your own with God's love, you'll be ready to share that happiness with someone else, like a close friend, and maybe one day, a husband or wife. Remember, nobody's perfect, and we all make mistakes sometimes. But if two people care for each other, trust in God, and help each other through tough times, they can have a happy marriage.

13. I can't stop looking at bad pictures and videos on my phone. What should I do?

It used to be really hard to find those kinds of pictures and videos, but now they're much easier to see, even for kids, and that's not good. It's like a trap that can catch us if we're not careful. These pictures and videos can make us think about people and bodies in the wrong way, and it can become a bad habit that's hard to stop. When we let those images fill our minds, it's like we're not using our thinking brain, and that can lead to making choices without thinking about what's right or wrong.

If someone keeps looking at these things, it can cause problems later on, like when they get married, because they might not understand what a healthy and loving relationship is supposed to be like.

Here's what you can do: When you're alone, like in the

bathroom, bring a book instead of your phone. It's good to promise yourself to stay away from those pictures and videos, but talking to someone you trust, like your parents, can really help. Also, getting busy with sports or a fun hobby can keep your mind on better things. Remember, when you're facing something really tough, praying and asking God for help is powerful. He listens and wants to help you stay away from things that can hurt you.

14. Is abortion a crime? Abortion is life-killing, so will God forgive you?

A lot of people talk about whether ending a pregnancy is a choice someone can make. When I talk about this in class, students often wonder, "When does life begin?" Because of the influence of education in schools, under the influence of media, students mostly answer that life begins when a baby is born. Life is from the moment you become pregnant. Ending a pregnancy means that baby doesn't get a chance to be born. Some people say that it's like not letting one of God's creations come into the world. It's a really serious thing to think about because Christians believe God has a plan for every life, even the littlest ones.

But it's important to remember that God's love is bigger than any mistake we make. God is always ready to forgive us when we are truly sorry and ask for His forgiveness. God wants everyone to choose love and life, but He also gives us His hand and His heart when we are confused or make wrong choices, to help us find our way back to Him.

Homosexuality

---

15. I'm a 12-year-old boy and feel more comfortable with boys than girls. Does this mean I'm gay?

When you're at school, it's really common to hang out and have fun with friends who are the same as you, like other boys. It's normal to enjoy doing things together like playing games, watching movies, and sharing meals. This is all about friendship, and it's a great part of growing up. Liking to spend time with your guy friends doesn't mean you're gay—it means you have a lot in common and you enjoy their company.

Sometimes girls like to hang out with other girls too, and that's just because they share interests and understand each other well. It's the same with boys.

It's also important to know that as you grow, especially during puberty, lots of changes happen. You're learning who you are, what you like, and how to get along with all kinds of different people. This can be a confusing time, and that's okay.

Some kids might feel certain about who they're attracted to early on, but many others are just enjoying friendships. There's no rush to label yourself. You're at a stage in life where everything is starting to build—like who you'll be as a person. It's a time for respect, learning, and understanding both yourself and others.

Remember, whether it's a brotherly bond, the care between friends, or a father's love for his son, these strong feelings are about the love and connection we have for each other, not about being gay or straight. It's all part of growing up and finding your unique place in the world.

16. I have a friend who was close to me when I was young and came out as gay. How should I treat this friend?

I think I would be shocked and flustered if my close friend came out to me as a homosexual because there aren't many people around who have experienced this. I want to talk about two things.

First, God is love. So, we have to embrace them with love. Second, you have to stand right on the basis of what God says, and what the Bible says. God says homosexuality is sin, so we cannot say it is not sin. Therefore, it is necessary to tell the friend what God has called sin.

You would have to balance two things and talk to them with love. The most important thing is to pray for the friend. Since God has chosen him to be a man of God, he would free him from sin. When you encounter Jesus personally, the darkness within you recedes and you will decide to live in this world to please God. There are many testimonies of these experiences with God. We must show them love and proclaim the truth. The cost of being gay is too high. Sexually transmitted diseases are one of the biggest reasons. If you know that your friend's future is going to be hard, but you don't say anything, it is not true friendship. Let the friend know what the Bible says, that it is a sin, and bear the friend with love.

17. What does the Bible teach about people who are different, like those who are gay?

When God created, he made all animals into male and female pairs. And he made a man and a woman as a pair as well. If God had recognized homosexuality, he would have created men, women, and homosexuals from the beginning. One of the consequences of destroying God's creative order is homosexuality. Scripture says, "Do you not know that the wrongdoers will not inherit the kingdom of God? Do not be deceived: Neither the sexually immoral nor idolaters nor adulterers nor men who have sex with men nor thieves nor the greedy nor drunkards nor slanderers nor swindlers will inherit the kingdom of God." (1 Corinthians 6:9-10) It includes homosexuals, men "who have sex with men." That's how serious God is to deal with homosexuality. But there is no sin in this world that God cannot forgive. Anyone can restore from his sin by repenting to God. The important thing is that we treat everyone with kindness and respect, just like Jesus did. Remember, no matter how people are different from us, they are all loved by God.